U0572599

# 要素市场化改革对企业技术创新的影响研究

李 爽 著

中国财经出版传媒集团

经济科学出版社

Economic Science Press

图书在版编目（CIP）数据

要素市场化改革对企业技术创新的影响研究／李爽
著 . —北京：经济科学出版社，2022.8
ISBN 978 - 7 - 5218 - 3699 - 8

Ⅰ. ①要… Ⅱ. ①李… Ⅲ. ①生产要素 - 影响 - 企业
创新 - 研究 - 中国 Ⅳ. ①F279. 23

中国版本图书馆 CIP 数据核字（2022）第 091874 号

责任编辑：白留杰 杨晓莹
责任校对：徐 昕
责任印制：张佳裕

要素市场化改革对企业技术创新的影响研究
李 爽 著
经济科学出版社出版、发行 新华书店经销
社址：北京市海淀区阜成路甲 28 号 邮编：100142
教材分社电话：010 - 88191309 发行部电话：010 - 88191522
网址：www. esp. com. cn
电子邮箱：bailiujie518@126. com
天猫网店：经济科学出版社旗舰店
网址：http://jjkxcbs. tmall. com
北京密兴印刷有限公司印装
710×1000 16 开 12.25 印张 210000 字
2022 年 8 月第 1 版 2022 年 8 月第 1 次印刷
ISBN 978 - 7 - 5218 - 3699 - 8 定价：52.00 元
（图书出现印装问题，本社负责调换。电话：010 - 88191510）
（版权所有 侵权必究 打击盗版 举报热线：010 - 88191661
QQ：2242791300 营销中心电话：010 - 88191537
电子邮箱：dbts@esp. com. cn）

# 前　　言

2022 年 3 月，《中共中央　国务院关于加快建设全国统一大市场的意见》中强调，"促进商品要素资源在更大范围内畅通流动，加快建设高效规范、公平竞争、充分开放的全国统一大市场"，尤其要注重"打造统一的要素和资源市场"，并把"促进科技创新和产业升级"作为建设全国统一大市场的主要目标之一。在新一轮科技革命和产业革命的时代背景下，技术、数据等新兴要素的地位和作用日益凸显，构建更加完善的要素市场化体制机制对于企业技术创新能力提升、创新型国家建设以及中国经济高质量发展均具有举足轻重的作用。在 2021 年 3 月发布的《中华人民共和国国民经济和社会发展第十四个五年规划和 2035 年远景目标纲要》中，第二篇论述了坚持创新驱动发展的重要意义和重要举措，特别强调要"提升企业技术创新能力，鼓励企业加大研发投入""健全创新激励和保障机制，构建充分体现知识、技术等创新要素价值的收益分配机制"。可见创新驱动发展战略在强调以企业为创新主体的同时，还对市场机制的完善尤其是要素市场化改革提出了更高要求，只有切实提高劳动、资本、知识、技术等各类要素的市场化程度，才能真正形成激励企业创新的"要素价格倒逼创新机制"。然而，当前中国工业企业却同时面临创新能力不足和要素市场化程度偏低的内外部双重矛盾，亟须通过要素市场化改革突破这一困境。

根据技术创新经济学的相关理论，由产权激励、市场激励和政府激励措施构成的企业技术创新激励系统能够有效提升企业的技术创新积极性。然而在经济正处于转轨时期、市场机制尚未健全的当下中国社会，当讨论企业技术创新激励政策的有效性时，十分有必要将外部制度环境的约束纳入其中。要素市场扭曲作为要素市场机制不健全的重要表征，既可以衡量要素资源配置的扭曲程度，又会对国际贸易、收入分配及社会福利、生产率水平以及技术创新等领域产生巨大影响，因而可以作为市场不完善程度的代理变量。为此，本书将在要素市场存在价格被低估的背景下构建出产权—市场—政府三维创新激励模型，在此框架内考察各类技术创新激励措施对企业技术创新的作用机理与影响效应，从而对现阶段我国技术创新激励政策的有效性做出客观评价，并为技术创新激励政策的制定完善提供参考意见。此外，考虑到近年来技术、数据等新兴要素形式的快速发展及其对企业技术创新的巨大推动作用，本书在论述资本、劳动等传统要素市场化对企业技术创新影响的同时，还专门探讨了技术、数据等新兴要素的特性及其对企业技术创新的特殊作用机制。

本书在全面回顾国内外有关要素市场化程度、新兴要素市场化和企业技术创新相关文献的基础上，分别探讨了传统要素市场化和新兴要素市场化对企业技术创新的作用机理，并对要素市场化条件下中国工业企业技术创新激励政策的有效性进行了实证检验。另外，为了考察所属地区、行业、所有制类型以及企业规模等企业异质性特征对创新激励政策有效性的影响，本书的理论分析和实证检验部分还对企业技术创新激励有效性的个体差异进行了专门探讨。研究结果显示，现阶段我国要素市场确实存在资本、劳动价格被低估以及地区、行业、所有制、企业规模层面的扭曲程度差异。其中，经济发达地区企业的要素市场被低估程度平均而言高于经济落后地区的企业；垄断行业中企业的要素市场被低估程度平均而言低于竞争行业中的企业；国有企业的要素市场化程度平均而言低于非国有企业；大企业的要素市场化程度平均而言低于中小企业。要素市场化程度会对产权激励、市场激励和政府激励等各类企业技术创新激励政策的有效性产生抑制作用，在企业异质性方面，要素市场化程度每增加 1 个单位，对经济落后地区的企业、垄断行业中的企业、国有企业和大企业创新激励所造成的负向影响要大于经济发达地区的企业、竞争行业中的企业、非国有企业和中小企业。

因此本书认为，为了进一步发挥技术创新激励政策对企业技术创新的激励作用，提升企业的自主创新能力，未来一方面要不断丰富创新激励方式，构建起科学、有效的技术创新激励系统；另一方面要继续深化要素市场化改革，优化要素价格传导机制，充分释放技术、数据等新兴要素的创新激励功能。当然在创新激励政策制定过程中，还要充分考虑企业的异质性特征，提高创新政策的针对性和可行性，实现各类工业企业自主创新能力的协调发展，为经济新常态下的发展方式转型打下坚实的微观基础。

2022 年 5 月

# 目　录

# 第一章

# 绪　　论

本章作为研究的开端，将从选题背景、问题提出、研究意义、研究思路和研究方法等方面对本书的研究进行整体性的概述。

## 第一节　选题背景与研究意义

### 一、选题背景

在新一轮科技革命和产业革命的时代背景下，技术、数据等新兴要素的地位和作用日益凸显，构建更加完善的要素市场化体制机制对于企业技术创新能力提升、创新型国家建设以及中国经济高质量发展均具有举足轻重的作用。然而当前中国工业企业却同时面临创新能力不足和要素市场化程度偏低的内外部双重矛盾，亟须通过要素市场化改革突破这一困境。

#### （一）技术、数据等新兴要素在当今国际竞争中的地位作用日益凸显

当今世界，一国拥有的数据规模和数据分析处理能力已经成为其国家竞争力的重要组成部分，各主要经济体都将数据技术及产业发展问题上升到国家战略层面。2019 年 12 月，美国政府发布《联邦数据战略与 2020 年行动计划》，明确将数据作为一种战略性资源进行开发。2020 年 2 月 19 日，欧盟委员会公布了一系列围绕数据资源的发展规划，包括《欧洲数据战略白皮书》《人

工智能白皮书》等多份文件，详细概述了欧盟未来五年实现数据经济所需的政策措施和投资策略，以及构建一个真正的欧洲数据统一市场的发展目标。

在我国，随着近年来数字经济的高速发展，尤其是社会生产过程的广泛网络化、数字化与智能化，数据作为一种生产要素所发挥的作用在社会经济中也已经充分凸显。2020年3月30日，中共中央、国务院发布《关于构建更加完善的要素市场化配置体制机制的意见》，明确提出要加快培育数据要素市场，为进一步发挥数据要素的作用指明了方向。2022年3月，中共中央国务院颁布《关于加快建设全国统一大市场的意见》，强调要"促进商品要素资源在更大范围内畅通流动，加快建设高效规范、公平竞争、充分开放的全国统一大市场"，尤其要注重"打造统一的要素和资源市场"，并把"促进科技创新和产业升级"作为建设全国统一大市场的主要目标之一。

（二）创新驱动发展战略要求以企业为创新主体，形成"要素价格倒逼创新机制"

面对国内外形势的新变化和全球新一轮科技革命及产业革命的重大机遇与挑战，中国在2012年11月召开的党的十八大会议上明确提出要实施"创新驱动发展战略"，加快经济发展方式的转变。紧接着，2013年底召开的十八届三中全会进一步提出要健全技术创新的市场导向机制，强化企业在技术创新体系中的主体地位。为了进一步落实创新驱动发展战略，中央政府于2015年3月发布《中共中央 国务院关于深化体制机制改革加快实施创新驱动发展战略的若干意见》（以下简称《意见》），强调要促进企业"真正成为技术创新决策、研发投入、科研组织和成果转化的主体"。另外，《意见》还特别强调了市场在资源配置中的"决定性作用"，让市场来决定要素价格，从而促使企业"从依靠过度消耗资源能源、低性能低成本竞争向依靠创新、实施差别化竞争转变"，形成"要素价格倒逼创新机制"。

在2021年3月发布的《中华人民共和国国民经济和社会发展第十四个五年规划和2035年远景目标纲要》中，更是以第二篇全篇的篇幅论述了坚持创新驱动发展的重要意义和重要举措，特别强调要"提升企业技术创新能力，鼓励企业加大研发投入""健全创新激励和保障机制，构建充分体现知识、技术等创新要素价值的收益分配机制"。可见创新驱动发展战略在强调以企业为创新主体的同时，还对市场机制的完善尤其是要素市场化改革提出了更高要求。只有切实提高劳动、资本、知识、技术等各类要素的市场化程度，才能真正形成激励企业创新的"要素价格倒逼创新机制"。

### （三）要素市场化改革任务紧迫而艰巨

《关于构建更加完善的要素市场化配置体制机制的意见》提出要加快"推进土地、劳动力、资本、技术、数据等要素市场化改革"。市场体系是由商品及服务市场和土地、劳动力、资本、技术、数据等要素市场构成的有机整体。改革开放以来，我国97%以上的商品和服务价格已由市场定价，资本、土地、劳动力等要素市场从无到有、从小到大。但与商品和服务市场相比，要素市场建设仍相对滞后。要素市场化配置范围相对有限；要素流动存在体制机制障碍；要素价格形成机制不健全。加快完善社会主义市场经济体制，推动经济高质量发展，必须深化要素市场化改革。

在传统要素市场领域，"要素价格倒逼创新机制"发挥作用的前提是让市场来决定要素价格，使要素的实际价格能够真实反映要素的边际产出状况。然而在中国这样处于转轨时期的发展中国家中，因信息不对称、市场机制不健全、政府干预等主客观因素而导致的要素价格不等于其边际产出的现象。在新兴要素市场领域，1985年中共中央《关于科学技术体制改革的决定》明确提出要"开放技术市场，实行科技成果商品化"。几十年来，我国技术市场从无到有、从小到大，发展迅速。据科技部发布的《2020年全国技术市场统计年度报告》统计，2019年实现技术合同成交额22398.4亿元，同比增长26.6%，占GDP的比重从2018年的1.9%上升至2.3%。世界知识产权组织发布的报告显示，2019年中国超过美国成为该组织《专利合作条约》框架下国际专利申请量最多的国家。这表明我国多年持续加大对技术研发的投入已取得显著成果，科学技术作为第一生产力，在构建要素市场化配置的体制机制中，正占据越来越重要的位置。

### （四）工业企业的研发强度有待提高

21世纪以来，随着科技兴国战略的实施，中国研发经费的投入总量呈不断攀升之势，企业研发投入在全社会研发经费支出总额中的地位也日益突出。如图1-1所示，近十年来，我国的R&D经费内部支出总额从2005年的2449.97亿元增长至2018年的19677.93亿元，年均增长率为18.04%；R&D

经费内部支出中的企业部分从 2005 年的 1673.81 亿元增长至 2018 年的
15233.72 亿元，年均增长率高达 19.34%，高于全社会 R&D 经费内部支出总
额的增长率，使得企业研发投入占全社会研发经费总额的比重从 2005 年的
68.32% 提升至 2014 年的 77.42%，企业对全社会研发经费增长的引领作用不
断凸显。然而从时间趋势来看，2011 年以来，无论是全社会 R&D 经费内部
支出还是企业研发投入的增长速度都明显放缓，到 2018 年分别降至 11.77%
和 11.52% 的水平。

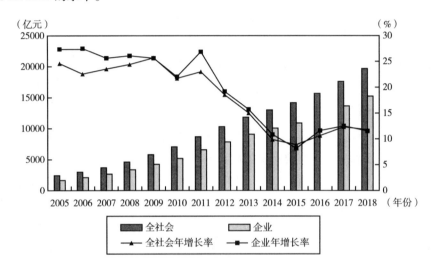

**图 1-1　2005～2018 年我国 R&D 经费内部支出及企业部分的规模和年增长率**

资料来源：《中国科技统计年鉴》(2006～2019 年)。

　　就研发强度而言，无论是从全社会还是规模以上工业企业的角度来看，
中国目前的情况都不容乐观。如图 1-2 所示，近年来，全社会研发强度虽有
所提高，但增长速度十分缓慢，大多数年份的增长率处于 5% 以下，个别年
份甚至出现负增长。2013 年，我国研发强度首次突破 2%，2018 年达到
2.14%，但与发达国家 3%～4% 的水平仍存在不小差距。企业层面的形势则
更为严峻，研发强度水平仅为全社会研发强度的一半左右，2018 年规模以上
工业企业的研发强度仅为 1.23%，而发达国家的这一指标普遍在 2%～3%[1]。
从增长趋势来看，2005～2013 年，规模以上工业企业研发强度的年增长率并

---

[1]　"理性看待我国研发投入强度首超欧盟：与发达国家差距仍然很大"，经济日报，2014-
01-28。

未呈现持续的上升趋势，且在大多数年份低于全社会研发强度的年增长率。自 2013 年以来，规模以上工业企业研发强度出现了较为持续的增长趋势，年增长率超过全社会研发强度的年增长率，并在 2018 年达到 16.05% 的历史高位，说明近年来工业企业的研发强度确实有所提升。总之，近年来我国工业企业的研发强度和技术创新实力有所改善，但总体实力与发达国家相比仍存在不小差距。因此，如何有效提升企业的技术创新能力，引导企业主动增加创新资金投入，成为目前国家创新政策亟待解决的问题。

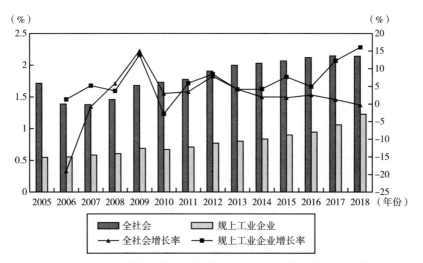

图 1 - 2　2005～2018 年我国全社会和规模以上工业企业的研发强度及其年增长率

注：全社会研发强度等于全社会研发经费占当年 GDP 的比重，企业研发强度等于企业研发投入占营业收入的比重。

资料来源：《中国科技统计年鉴》（2006～2019 年）。

## 二、研究意义

本书就要素市场化改革对中国工业企业技术创新的影响进行了系统的理论分析和实证检验。下面将从理论意义和现实意义两个层面，对本书的研究意义进行简要阐述。

### （一）理论意义

本书的理论意义主要体现以下三个方面：

第一，通过构建完整的企业技术创新激励系统，对技术创新经济学理论进行了有益补充。企业技术创新激励理论是技术创新经济学的重要组成部分，然而传统的企业技术创新激励理论却存在内涵不统一、结构不完整、传导路径不清晰等问题。为此，本书首先对原有的研究成果进行梳理和比较，并以此为基础提炼出一个完整统一的企业技术创新激励系统，对各种创新激励方式的内涵和作用进行了明确定位；其次，从经济学角度对产权激励、市场激励、政府激励等各种创新激励方式的作用机制和传导路径进行了深入分析，从而构建起科学有效的企业技术创新激励系统逻辑框架。

第二，通过将要素市场化程度引入分析框架，深化了对企业技术创新影响因素问题的认识。根据传统的研究思路进行分析，只要通过提高企业创新活动的预期收益、扩大创新产品的市场需求、增加外部科研成果等方式来提升企业技术创新的动力，或者通过健全法律法规、提供政府补贴等措施来减少企业技术创新的阻力，就能够提升企业的技术创新能力。然而通过本书的分析可以发现，在传统要素价格普遍被低估、新兴要素市场发育程度较低的要素市场环境中，各种技术创新激励方式的有效性都会遭到削弱。因此，为了有效提升企业技术创新的动力和能力，应当在完善各种创新激励方式的同时，不断强化制度层面的建设，提高要素配置的市场化水平，充分发挥"要素价格倒逼创新机制"的积极作用。

第三，通过将要素区分为传统要素和新兴要素并分别分析其特性及其对企业技术创新的作用机制，细化了相关作用机制分析和影响效应测度。根据本书的理论分析，与土地、劳动、资本等传统要素类型相比，技术要素和数据要素具有非竞用性、部分排他性、时效性等特殊属性，从而对企业技术创新的作用机制和影响效应也与传统要素存在巨大差异。基于此，本书将劳动和资本命名为传统要素，将技术和数据命名为新兴要素，分别分析它们的内涵、特性以及它们对企业技术创新的不同作用机制，从而构建出完整的要素市场化影响企业技术创新的理论框架。

（二）现实意义

本书的现实意义可以归纳为以下两点：

第一，为政府的技术创新激励政策提供了指导框架。过去中国政府的创新激励政策主要体现在政府补助、税收减免、科技计划等政府激励方式上，在政策实施过程中存在激励方式单一、政策针对性差、落实效果不佳等问题。本书通过构建完整的企业技术创新激励系统，为政府的创新激励政策提供了多元化的政策手段和解决思路。根据本书的分析，政府对企业的技术创新激励不仅仅是财政补贴这种单一的形式，还可以通过规范股权激励机制、完善专利保护制度等产权激励方式以及提高市场化程度、减少垄断因素等市场激励方式来激发企业的创新热情。即使是在政府激励方式方面，也不应局限于政府补助、税收减免等传统的政策手段，还应当不断开发政府采购、风险投资政策等新兴的政府激励手段。总之，政府的创新激励政策应当做到科学、全面和与时俱进，使各种不同类型的创新激励措施相互补充、相互促进，充分发挥它们对企业技术创新活动的刺激作用。更重要的是，本书通过分析要素市场化对企业技术创新的作用机制和影响效应，发现外部环境尤其是市场机制的不健全会严重制约创新激励政策的实施效果。这提醒决策者在创新激励政策制定和实施过程中应具备全局意识和宏观眼光，突破传统激励政策的思维局限性。

　　第二，为现阶段中国的要素市场化改革提供了决策参考。在传统要素领域，现阶段劳动和资本等传统要素的市场化程度明显低于产品市场，这是学术界的基本共识。但对于要素市场程度以及企业异质性特征，则尚未形成一致性的结论。根据本书的理论分析和经验测算，目前中国要素市场确实同时存在资本价格和劳动价格被低估的问题。其中资本价格被低估的市场化程度近年来有缓解趋势，劳动价格被低估的市场化程度并未出现明显好转；另外，中国工业企业所面临的要素市场不健全还存在地区层面、行业层面、企业所有制以及企业规模层面的个体差异性。也就是说不同地区、不同行业、不同所有制以及不同规模企业之间的要素市场发育程度是存在差异的，其中经济落后地区、垄断行业、国有企业和大企业的要素市场发育程度落后于经济发达地区、竞争性行业、非国有企业以及中小企业。在新兴要素领域，技术要素和数据要素市场都存在发育程度较低、市场交易额较小、法律法规缺失、政府监管不到位等突出问题。这些研究结论为中国要素市场化改革提供了较为具体的决策参考，使得政府的要素市场化改革政策可以有的放矢，对不同生产要素、不同地区、不同行业、不同所有制以及不同规模的企业采取差异化、精准化的改革措施，从而获得更为明显的改革效果。

　　第三，为数字经济时代以数据推动创新提供了实现路径。与现有关于要素市场化与企业技术创新关系的研究相比，本书特别强调数据要素这一数字经济时代基础性、关键性的要素类型对企业技术创新的特殊作用机制和影响效应。其现实意义主要包括两个部分：第一，对于数据要素在企业技术创新过程中发挥的作用，本书将其归纳为环境优化效应、信息挖掘效应、数据共享效应三大作用机制，从而为现实中企业和政府如何充分利用数据要素的创新促进效应提供了方向和思路；第二，在最后一章的对策建议部分，本书将从推进数据要素开放共享、提高数据要素使用效率、加强数据资源整合和安全保护等方面给出关于我国数据要素市场化改革的政策建议。

## 第二节  研究思路与研究内容

### 一、研究思路

如图 1 - 3 所示，本书遵循"提出问题→研究现状→理论分析→实证检验→对策建议"的基本研究思路对文中的核心议题进行深入研究。具体包括以下五个步骤：

第一步，提出本书要解决的核心问题：要素市场化如何影响企业的技术创新能力及其影响效果。具体包括本书的研究背景、研究意义、研究思路与研究内容、研究方法、创新点及不足。

第二步，对相关领域经典理论如企业技术创新动力机制理论、技术创新激励理论、要素市场理论以及相关国内外文献研究进行学术史梳理，进而找出该领域现有研究的主要结论、缺陷以及尚未解决或未涉及的问题，为本书的研究打下理论基础。

第三步，进行理论分析。具体包括三个模块：首先，构建企业技术创新激励理论模型，从产权、市场、政府三个维度探讨如何提升企业技术创新的动力或消除企业技术创新的阻力；其次，在技术创新激励模型的引领下，分析劳动、资本等传统要素对企业技术创新的作用机制；最后，分析技术、数据等新兴要素对企业技术创新的作用机制。

第四步，进行实证分析。具体分两步走：一是运用生产函数法对要素市场化程度进行测度，为接下来的回归分析做准备；二是采用面板数据回归检验要素市场化对企业技术创新的作用效果。

第五步，在前文理论分析和实证检验的基础上，结合中国要素市场和工业企业技术创新的现状和问题，提出加快推进要素市场化改革、提升企业技术创新能力的政策建议。

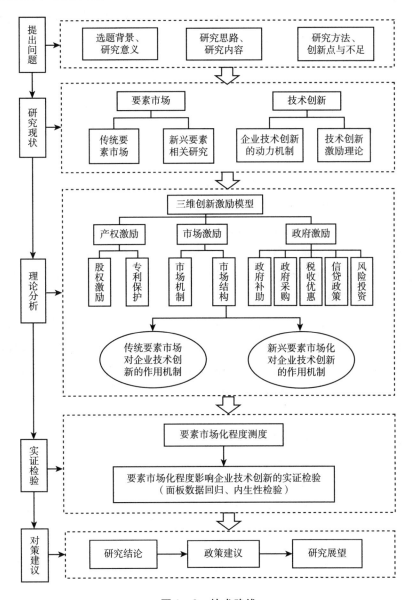

图1-3　技术路线

资料来源：作者绘制。

## 二、研究内容

下面对本书各章节的内容安排进行简要介绍:

第一章为绪论。主要包含三部分内容:首先,对研究背景和意义进行介绍,揭示了选题的现实意义;其次,对研究思路和研究内容进行总结,理顺了逻辑思路;最后,概括了所使用的主要研究方法,并对创新点和不足进行审视。

第二章为理论及文献综述。本书所涉及的理论和文献主要包括三大块,分别为要素市场相关理论、企业技术创新相关理论以及要素市场化对企业技术创新影响的相关研究。本章正是按照这一框架安排具体内容:首先,分别梳理了传统要素和新兴要素的相关理论。其中传统要素市场理论主要包括要素市场化程度的测度方法、要素市场化改革的作用及意义等方面的研究成果;新兴要素市场方面的研究成果包括技术要素和数据要素两类,其中技术要素相关研究分为技术要素参与分配的方式研究和技术要素市场对技术创新的影响研究,数据要素相关研究包括数据要素确权及价值评估研究、数据要素市场化改革的相关研究。其次,梳理了企业技术创新方面的经典理论,分别是企业技术创新动力机制理论和技术创新激励理论。再次,第四节内容梳理了要素市场化对企业技术创新的相关研究成果,这也是与本书研究主题直接相关的研究领域。最后,第五节还对以上几方面的研究成果进行总结和评价,从而发现其中的成就和可供完善之处,为接下来的研究打下理论基础,也为创新点的找寻指明方向。

第三章至第五章为本书的理论分析部分。其中,第三章构建了三维技术创新激励模型,内容安排如下:首先,对企业技术创新活动的动力机制(包括动力和阻力两个方面)进行了描绘,从而为接下来分析各种创新激励方式的作用机制构建出理论框架;其次,分别考察了产权激励、市场激励和政府激励这三种创新激励方式对企业技术创新的作用机制和传导路径;最后,构建出"产权—市场—政府"三维技术创新激励模型,并讨论了模型内部三种激励方式之间的促进及约束关系。第四章和第五章分别探讨了传统要素市场化和新兴要素市场化对企业技术创新的作用机制。其中第四章对现阶段中国传统要素市场现状进行描述分析,在此基础了提出了传统要素市场存在劳动和资本价格被低估的研究假设；其次，分别讨论了传统要素市场对产权激励、市场激励以及政府激励有效性的影响，从而构建出传统要素市场化通过影响创新激励系统有效性进而影响企业技术创新能力的作用机制和传导路径；最后，对作用机制进行了企业异质性分析，分别从地区层面、行业层面、企业所有制以及企业规模层面探讨了传统要素市场对企业技术创新影响效应的个体差异。第五章分别探讨了技术要素市场化和数据要素市场化对企业技术创新的作用机制。首先，分析了技术要素的含义和特性，以及技术要素市场化改革的主要任务；推导了技术要素市场化对企业技术创新的特殊作用机制；分析了数据要素的含义、特性及其与技术要素的相似之处，以及数据要素市场化改革的主要任务；推导了数据要素市场化对企业技术创新的积极作用，以及数字经济发展过程中极易形成的数据垄断现象对企业技术创新的消极影响。

第六章和第七章为本书的实证分析部分。为了考察要素市场化对企业技术创新的影响，首先需要知道要素市场化的具体程度。为此，第六章分别选用 C - D 生产函数法和超越对数生产函数法对现阶段中国传统要素市场化程度进行测算。第七章则是在此基础上，实证检验要素市场化对企业技术创新的影响效果。具体而言，首先采用面板数据回归检验传统要素市场化对企业技术创新的影响效果，并进一步采取分样本回归考察其个体差异性。回归模型中的自变量包括三类，分别是：用第六章中的测算结果来表示传统要素市场化程度；用专利保护强度、股权激励强度、行业集中度、政府补助数额、税收优惠额等来衡量产权激励、市场激励、政府激励等创新激励工具；引入传统要素市场化程度与各种创新激励工具的交叉项来衡量传统要素市场对这些创新激励工具有效性的影响。回归模型的因变量选取企业 R&D 强度来衡量企业的技术创新能力，并选取企业专利申请数量对模型进行稳健性检验。

第八章为研究结论与政策建议。内容包括三个部分：首先，对本书理论分析和实证研究部分所得到的关于传统要素市场化程度、新兴要素市场培育、企业技术创新激励系统、要素市场化改革对企业技术创新的影响等结论进行归纳整理；其次，在研究结论的基础上，从完善企业技术创新激励系统、完善传统要素市场价格形成机制、培育新兴要素市场等三个方面提出政策建议；最后，以研究成果及研究不足为出发点，提出该领域的研究展望。

# 第三节　研究方法、创新点及不足

## 一、研究方法

本书的研究涉及技术创新经济学、数字经济理论、要素价格均衡理论、公司治理理论、产权理论、寻租理论等多个学科领域和理论流派。在理论研究和实证分析过程中，主要采用了文献分析法、归纳与演绎相结合的方法、比较分析法、计量分析法以及反事实分析法等。

### （一）文献分析法

本书在进行理论推导和实证分析之前，首先运用文献分析法对两大核心议题——要素市场化与企业技术创新的相关理论及文献研究成果进行了归纳分析，包括传统要素市场相关研究，技术要素市场化以及数据要素市场化问题的相关研究、企业技术创新动力机制和企业技术创新激励的定义、构成以及各种创新激励方式的内涵等，找出以往研究取得的成就和存在的不足，从而为本书的研究打下坚实的理论基础。

### （二）归纳与演绎相结合

本书在研究过程中同时采用了归纳和演绎这两种逻辑思维方法。对相关理论及文献研究的归纳，自然离不开以往学者的演绎成果；在理论基础的指引下，运用演绎方法推导了企业技术创新激励模型以及要素市场化对企业技术创新的作用机制；而在实证结果分析中，又运用演绎成果对现状进行了解释，进而归纳出传统要素市场化改革、新兴要素市场培育对企业技术创新的影响效果。总之，本书的研究过程充分体现了归纳与演绎相结合的逻辑思路。

### （三）比较分析法

为了深入了解不同类型企业在技术创新激励问题上存在的异质性特征，本书在理论分析部分和实证检验部分都采取了比较分析法，对来自不同地区

（东、中、西部地区）、不同行业（垄断行业、竞争行业）、不同所有制（国有企业、非国有企业）、不同规模（大企业、中小企业）的企业之间进行对比。通过对比可以发现，不同类型的企业在要素市场化程度以及要素市场对企业技术创新激励的负向调节作用等方面都存在显著差异，从而大大丰富了本书的研究结论。

### （四）计量分析法

在检验企业技术创新激励方式的有效性以及传统要素市场不健全对企业技术创新激励的负向调节作用时，本书运用 Wind 上市公司数据库构造了2007～2014 年度的中国工业上市企业面板数据，并采用固定效应模型对数据进行计量分析。进一步地，结合模型本身的特点，对面板数据进行 Tobit 回归和工具变量两阶段最小二乘回归，以克服模型中存在的受限因变量问题和内生性问题，同时还能借此检验模型的稳健性。

## 二、本书的创新点

与以往学者对该领域的研究相比，本书在研究内容、研究方法、主要观点等方面的创新点主要体现在以下四个方面：

第一，在研究主题上，强调要素市场化对企业技术创新的重要影响。学术界对于制约企业技术创新的外部环境因素的研究，最初是归咎于基础设施、金融发展水平、人力资本等"硬环境"的约束，后来又逐渐将目光转移到专利制度、政府补贴、社会关系等"软环境"的缺失（黄鹏和张宇，2014）。然而以上这些因素都属于"共性"的外部环境特征，对于中国经济转轨过程中特殊的制度衍生物——要素市场化程度偏低的问题则很少有人谈及。由于中国的市场经济体制尚未完全建立，因此在产品市场和要素市场上都存在市场机制不健全的问题，其中要素市场不健全的程度比产品市场更甚。它的存在会进一步影响国际贸易、收入分配与社会福利、资源配置效率、企业生产率以及技术创新活动等。因此本书认为，将企业技术创新能力的考察置于要素市场化改革的外部环境中是十分必要的，这也正是本书最大的创新之处。

第二，在理论模型上，构建了"产权—市场—政府"三维技术创新激励系统。讨论企业技术创新的影响因素问题，其实质是要搞清楚企业技术创新的动力机制。因此在探讨要素市场化对企业技术创新的作用机制之前，本书首先构建出一般化的企业技术创新激励理论模型，该模型囊括了产权、市场、政府等各类企业技术创新的激励因素。以往学者对企业技术创新激励问题的研究散见于政府补贴、专利保护制度等对企业研发投入的影响效应分析中，在企业技术创新激励系统的构建、各种创新激励方式的传导路径等方面则很少有人涉足。为此，本书首先运用企业技术创新动力机制理论提炼出影响企业技术创新的所有动力因素和阻力因素，然后对目前关于企业技术创新激励内涵和定义的研究成果进行梳理和比较，在此基础上提出技术创新激励系统的定义和构成要素，并对各种创新激励方式的作用机制和传导路径分别进行深入分析，从而建立起了涵盖产权、市场和政府三个维度的企业技术创新激励系统。

第三，在概念界定上，将四大要素划分为传统要素和新兴要素两大类并注重区分它们对企业技术创新的不同作用机制。既有研究主要关注劳动、资本等要素类型对企业技术创新的影响。然而在当今数字经济时代，技术、数据等新兴要素对经济发展和企业技术创新的作用日益突出，且这两类要素与传统要素在自身特性上存在很大差异。这意味着它们对企业技术创新的作用机制和影响效应很可能迥异于传统要素。因此本书认为，将所有要素区分为传统要素和新兴要素是十分必要的。

第四，在实证数据上，采用微观层面的上市公司数据对要素市场化影响企业技术创新的方向、程度及其个体差异性进行实证检验。以往学者对传统要素市场化程度的测度大多是基于省市或行业层面的，以企业为样本的微观层面的测度较为缺乏。本书对要素市场化这一议题的分析是通过三大步骤进行的：第一步，在文献综述部分，对要素市场化程度的测度方法以及实施要素市场化改革的作用及意义进行全面梳理；第二步，在理论分析部分，对目前中国工业企业面临的资本价格和劳动价格现状及其成因进行了深入剖析；第三步，在实证分析部分，采用生产函数法，运用微观企业数据对中国工业企业的资本价格、劳动价格及传统要素市场化程度进行测算，并比较了它们在地区、行业及企业规模层面的个体差异性。通过理论和实证两方面的分析，可以对中国要素市场化改革问题的紧迫性和来龙去脉有一个较为全面的把握。

## 三、本书的不足

虽然本书试图在前人分析的基础上，尽量深化企业技术创新激励理论方面的经济学机理研究，并结合中国要素市场发育不完全、要素价格存在扭曲这一基本制度环境，对中国工业企业面临的技术创新激励问题进行更为客观全面的分析。然而由于数据获取和个人理论功底等主客观因素的制约，本书在以下几个方面仍存在明显的不足：

第一，在分析中国要素市场化程度时，未将土地这一重要生产要素纳入考察范围。现阶段中国的土地价格因其特殊的时代背景和科层体制而颇具特殊性。在工业用地方面，政府 GDP 增长考核机制导致各地方政府热衷于通过低地价甚至是零地价的招商引资来开发工业园区（周黎安，2007）；而在商业用地方面，通过以超低价从农民手中收购土地，再以高价拍卖给开发商来赚取高额"剪刀差"，形成所谓的"土地财政"。由此可见，对中国土地价格问题的研究是极具现实意义的，然而截至目前，这方面的研究仍极为缺乏。究其原因，首先是因为土地作为一种稀缺要素，其供求机制与资本、劳动力不是完全等同的，尤其是在城镇化建设如火如荼的当下中国，土地价格的上涨非但不会引发需求萎缩，在大多数情况下反而会激发出更大的需求，因此，将土地与资本、劳动力同时纳入一个讨论框架中显然是不符合实际情况的；其次，土地价格通常是通过招投标的方式确定，没有统一的市场价格，而上市公司的年报中通常也不包含公司用地的大小、价格等信息，这就导致对土地价格的实证研究缺乏相关数据支撑。本书也正是囿于以上两方面因素，才未将土地价格研究纳入本书的讨论范围。

第二，在样本选取方面，本书实证研究的对象仅包含中国工业上市公司。由于常用的样本涵盖面最具广泛性的微观企业数据库——中国工业企业数据库的可靠数据仅更新至 2007 年，且在 2005 年之前都未包含企业 R&D 投入这一本书的核心变量，可见该数据库无法满足本书实证研究对样本考察期及指标丰富度的需求。为此，不得不寻求其他微观企业数据的获取方式。通过比较几种常见的上市公司数据库，最终选择 Wind 经济金融数据库作为样本及数据来源，该数据库提供了较为丰富的指标体系，且在本研究开展之前，已公布了 2015 年之前所有上市公司的年报数据，能够满足实证研究的数据需求。但采用上市公司数据库存在一个明显的缺陷，那就是会遗漏众多尚未成功实现上市的中小企业，导致本研究在企业规模方面的普适性受到影响。因此，本书在企业规模层面的相关实证结论可能存在低估大企业与中小企业之间差异性的风险。

第三，在检验政府激励措施有效性的时候，仅以政府补助这一主要激励方式作为代表。如本书机制分析中所提到的，政府激励企业技术创新的方式通常包括政府补贴、政府采购、税收优惠、信贷政策、风险投资政策等。然而对于现阶段中国的政府激励体系而言，政府补贴始终占据绝对主体地位，同时辅之以倾斜性的税收优惠、信贷政策等。其他方式如政府采购、风险投资政策等在西方发达国家被广泛采用的手段，在中国仍处于探索阶段。总之，政府补贴是现阶段中国工业企业面临的唯一具备普遍性、公平性、持续性特征的政府激励措施。另外，截至目前，上市公司年报中并未披露除政府补助之外其他政府激励措施的相关数据，这给针对其他政府激励措施的实证研究造成很大困难。总之，基于必要性和可行性两方面的考虑，本书仅选取政府补助作为政府激励措施的代理变量，这可能会在一定程度上低估政府激励对企业技术创新的实际效果，但并不会对本书实证研究结果的真实性和客观性造成实质影响。

# 第二章

# 相关理论及文献综述

与本书相关的理论研究包括要素市场理论和技术创新激励理论两大部分。本章内容将对这两个领域的相关研究成果进行归纳整理，从而为接下来的机制分析奠定理论基础。

## 第一节　传统要素市场相关研究

截至目前，国内外关于要素市场化问题的研究成果主要集中在要素市场化程度的测度方法、要素市场化改革的作用和意义等两个方面。

### 一、要素市场化程度的测度方法

学者们在测度要素市场化程度时常用的方法有两类：一类是基于要素市场化概念的生产函数法；另一类是具有中国特色的市场化指数法。下面分别对这两类方法的特征和相关文献进行介绍。

### （一）生产函数法

由于要素的边际产出即最优价格往往是观测不到的，因此在测度要素市场化程度时，需要首先对要素的边际产出进行近似估算。测算要素边际产出最常用的方法是"生产函数法"。在实际操作过程中，比较常见的生产函数形式有 C – D 生产函数和超越对数生产函数。例如，谢淑贞和克莱诺（Hsieh and Klenow，2009）运用 C - D 生产函数比较了中国和印度的要素市场化程度及其对全要素生产率的影响。赵自芳（2007）运用超越对数生产函数估计了中国工业的要素市场化程度；施炳展和冼国明（2012）、李平和季永宝（2014）、黄鹏和张宇（2014）等运用 C - D 生产函数对中国各省市或行业的要素市场化程度进行了测度。

### （二）市场化指数法

生产函数法是通过将完全竞争市场中资源配置最优情况下的理想价格水平与要素实际价格进行对比，从而得出要素市场化程度。而市场化指数法则是依据樊纲等（2011a）编制的《中国市场化指数：各地区市场化相对进程2011 年报告》中的相关指数，将要素市场的市场化进程指数与产品市场的市场化进程指数进行对比。它测度的"是一个相对的而不是绝对的表示各地区市场化水平的指标，它并不是表明各地区本身'离纯粹的市场经济还有多远'……这套指标的设计主要目的在于，将各地的市场化程度进行横向比较，同时反映各省沿时间顺序的市场化程度变化"。具体公式如下：

$$dist_{it} = \frac{P_{it} - F_{it}}{P_{it}}$$

其中，$i$、$t$ 分别表示地区和年份，$dist$ 表示要素市场化程度，$P$ 和 $F$ 分别表示产品市场和要素市场的市场化进程指数。可以发现，该方法测度的其实是要素市场与产品市场的相对市场化程度。该种方法简便、易于操作，但明显的缺陷是不具有普适性，仅能测度中国各省市的要素价格相对市场化程度，对于要素价格的绝对市场化程度或其他层面的要素价格相对市场化程度则束手无策。张杰等（2011）、毛其淋（2013）、杨洋等（2015）的相关研究中均是采用这种方法对中国省际要素市场化程度进行测算。

但林伯强和杜克锐（2013）、戴魁早和刘友金（2015a；2015b）等则认为，由于要素市场化程度低的地区，其产品市场的发育程度往往也较低，因此这种方法抹杀了要素价格相对市场化程度的地区差异。为此他们借鉴"标杆分析方法"的思想，将地区要素市场化进程指数与样本中所有地区要素市场化进程指数的最大值之间的差距作为要素价格相对市场化的代理变量。具体表达式如下：

$$dist_{it} = \frac{\max F_{it} - F_{it}}{\max F_{it}}$$

其中，$\max F_{it}$ 表示样本中所有地区要素市场化进程指数的最大值。这种要素市场化指标的构造方法衡量了要素市场化程度的地区差异及其变化趋势，同样属于要素价格相对市场化程度的范畴。

## 二、要素市场化改革的作用及意义

20 世纪 60 年代之后，随着要素市场研究的深入，学者们开始更多地关注要素市场不健全对经济中其他变量的影响。比如资源配置效率、收入分配、技术创新活动以及环境规制等，从而全面分析要素市场化改革对现实经济运行的影响效应。

### （一）要素市场化改革对资源配置效率及生产率的提升作用

根据西方经济学一般均衡理论，当产品市场和要素市场同时达到均衡状态时，资源配置才能实现帕累托最优状态。要素市场化改革的目标之一是使要素实际价格能够更好地反映要素价值，即不断缩小要素价格与其边际产出之间的差额，从而提高资源配置效率，实现要素市场均衡。谢淑贞和克莱诺（Hsieh and Klenow，2009）运用制造业企业的微观数据对美国、中国和印度三国的资本和劳动价格的市场化程度进行了比较研究，发现如果把中国和印度两国制造业企业的要素分别进行重新配置以达到美国制造业企业要素边际产出平均水平的话，将使得两国制造业的全要素生产率（TFP）分别提升 30~50% 和 40~60%。由此可见要素市场化改革能够显著提升发展中国家制造出企业的全要素生产率。龚关和胡关亮（2013）借鉴谢淑贞和克莱诺（Hsieh and Klenow，2009）的方法对 1998~2007 年中国制造业企业的微观数据进行分析，发现这十年间资本和劳动配置效率的改善分别促进全要素生产率提高 10.1% 和 7.3%。而且如果令资本和劳动价格均等于其边际产量，那么 1998 年中国制造业 TFP 将提高 57.1%；而 2007 年的 TFP 将提高 30.1%。可见要素市场化改革对中国制造业的生产率提升具有巨大促进作用。李平等（2014）运用垄断竞争框架下的数理模型对中国省际面板数据进行研究被低估。盖庆恩等（2015）的实证研究表明，要素市场化不仅通过影响在位企业的资源配置直接降低中国工业 TFP，还会通过垄断势力改变企业的进入退出行为来间接降低中国工业 TFP，且这种间接效应呈日益扩大之势。这意味着要素市场化改革不仅能够提升在位企业的资源配置效率，还有助于降低行业进入退出壁垒，提高市场竞争程度和竞争效率。徐朝阳等（2020）指出，要素市场化改革滞后会导致服务业部门的有效需求得不到满足和工业部门产能过剩问题同时并存的供需结构错配问题，因而加快要素市场化改革进程是进一步推动供给侧结构性改革、提高供需结构匹配度的必由之路。

### （二）要素市场化改革对收入分配及社会福利的促进作用

要素市场化改革除了通过资源配置效率影响生产率外，还会通过要素投入量和投入结构的改变对要素收入分配产生影响。这里的要素收入分配不仅指要素收入的绝对大小，还包括行业之间、城乡之间以及不同要素之间的相对收入情况。墨菲等（Murphy et al.，1992）、博伊科（Boycko，1992）、帕特森（Patterson，1996）等学者对 20 世纪 90 年代东欧国家的激进式改革进行研究，发现这些国家在经济转型过程中造成的要素市场化在总体上降低了社会福利水平。运用 CGE 模型对加拿大工会势力导致的劳动价格化进行了测度，发现在工会势力的影响下，工人的平均工资水平高于劳动边际产出，因此而引发的社会福利净损失相当于 GDP 的 0.04%（Fisher and Waschik，2000）。姚先国等（2004）的研究表明，中国户籍制度安排所引发劳动价格市场化可以解释城乡劳动力收入差距的30%，因而通过户籍制度改革可以有效提高劳动价格的市场化程度，进而缩小城乡收入差距。石庆芳（2013）认为，要素市场化对中国城乡收入差距造成不利影响，其中资本价格市场化会加大城乡收入差距；而劳动价格市场化对城乡收入差距的影响则存在不确定性。徐志刚等（2017）发现，劳动力市场化改革明显促进了农户工资性收入的增加，资本市场化改革则对农户的财产性收入增加具有显著的正向作用，因此，推动要素市场化改革对于缩小城乡收入差距、实现共同富裕具有重要意义。

### （三）要素市场化改革作用效果研究的新进展

随着要素市场相关研究的不断深入和国际社会对可持续发展议题的关注，近年来开始有学者关注要素市场化改革对能源、环保等问题的影响效应，所探讨的要素范畴也由传统的资本和劳动力两大要素逐步扩展到土地、企业家才能、金融要素等。比如，林伯强和杜克锐（2013）运用面板数据的固定效应 SFA 模型和反事实计量方法对中国要素市场化改革的能源效应进行了实证分析。结果显示，要素市场的能源损失量占总能源损失量的 24.9% ~ 33.1%，而推动要素市场化改革则可使能源效率年均提高 10%。黄健柏等（2015）认为，工业用地价格市场化刺激了企业的过度投资行为。其中工业用地价格市场化对外资企业过度投资的推动作用最为明显；民营企业次之；国有企业最弱，因而土地资源的要素市场化改革对于抑制企业过度投资等无序扩张行为具有重要作用。姚瑶和刘文革（2015）认为，要素市场化在长期内会制约企业家将"要素租"转化为"创新租"，从而制约企业家创新才能的发挥，抑制企业的自主创新活动，为此应实施要素市场化改革，以充分释放企业的技术创新活力。王伟和潘孝挺（2015）将中国四大国有商业银行的市场份额作为金融要素市场化的代理变量，分析了金融要素市场化对企业技术创新活动的影响。结果显示金融要素市场化对企业的研发投入和技术创新成果具有抑制作用，且中小型企业、私营企业的 R&D 投入对金融要素市场化的敏感性要高于大型企业和国企，说明金融要素的市场化改革同样有助于促进企业技术创新，增强企业竞争实力。贺灵和付丽娜（2021）指出，要素市场化改革有助于促进科技创新、现代金融、人力资源等创新要素协同，进而推动制造业高质量发展。

## 第二节　新兴要素市场相关研究

### 一、技术要素相关研究

技术要素的相关研究成果主要集中在两个方面。其中早期的研究主要探讨了技术要素参与分配的方式；近几年的研究则更为关注技术市场发展状况、特征及其对技术创新的作用效果。

### （一）技术要素参与分配的方式研究

党的十六大和十七大报告中均提出要确立劳动、资本、技术、管理等生产要素按贡献参与分配的原则，完善按劳分配为主体、多种分配方式并存的分配制度。在此背景下，当时的学术界针对技术要素参与分配的具体方式、模式问题进行了广泛探讨。曹玉贵和李一秀（2008）对常用技术要素参与收益分配的方式进行了比较分析，在此基础上提出河南省企业技术要素参与收益分配的方式组合。陈方丽和胡祖光（2008）提出了一套技术要素参与分配的量化方案，对企业进行技术要素参与收益分配具有较强的可操作性。牛冬德（2009）将企事业单位对专业技术人员的分配方式概括为岗位工资制、协议工资制、人才特殊津贴、一次性奖励、利润提成、技术成果交易、技术入股、科技人才持股计划、股票期权制等九种。雷鸣和周国华（2013）认为，我国技术要素参与收入分配尚未真正得到落实。原因在于没有完全做到由市场机制来实现各种要素在收益中的合理分配，且对技术要素本身的作用、特点及其参与分配的方法等问题认识不够全面。田永坡等（2015）采用文本分析法对我国66项关于技术要素参与收入分配的政策进行分析，总结出我国政策存在的主要问题包括政策的法律约束力不强、知识产权保护力度不足、技术转移收益分配中对个人的激励力度不足，并在此基础上提出改革方案。

### （二）技术市场的发展现状研究

张林和莫彩玲（2020）运用分形理论、联系强度模型、隶属度模型考察了我国30个省份技术市场的时空演变特征，发现我国大部分地区的技术市场仍属于落后型技术市场；区域间技术市场的空间联系强度较低；各中心地区腹地范围连片化趋势日益显著。李昊等（2020）对河南省技术市场的发展状况进行了专门研究，发现2018年在经济下行的压力下，河南省技术合同成交额仍实现大幅增长，且企业继续保持技术交易主体地位。但与此同时，河南省技术市场仍存在技术合同成交额占GDP的比重偏低、各地市发展极不平衡、高校和科研院所成果转化率低等突出问题，需要继续推进技术要素市场化改革。邓少慧和黄何（2020）分析了我国技术市场的发展状况、结构特征及区域特征，并对我国技术市场政策体系的构建历程进行了系统回顾，肯定了技术市场政策体系在技术要素市场化过程中发挥的重要作用。关于技术要素市场化对技术创新的影响研究，将在本章第四节进行专门介绍。

## 二、数据要素相关研究

数据要素的相关研究成果可划分为三类，分别是对数据要素内涵的相关研究、数据要素确权及价值评估问题研究以及数据要素市场化改革的问题及对策研究。

### （一）数据要素内涵的相关研究

随着数字经济的兴起，学术界对数据要素的内涵进行了深入研究。在最新版《牛津英语词典》中，数据被定义为"被用于形成决策或者发现新知识的事实或信息"。国际标准化组织（ISO）认为数据是"对事实、概念或指令的一种特殊表达方式，用数据形式表现的信息能够更好地被用于交流、解释或处理"。加拿大的统计局（2018）将数据定义为"已经转化成数字形式的对于现实世界的观察"。采取数字形式的数据能够被存储、传输及加工处理，数据的持有者也能够从中提取新的知识与信息。法布迪和维尔德坎普（Farboodi and Veldkamp，2020）认为数据是"可以被编码为一系列 0 和 1 组成的二进制序列的信息"。按照这一定义，数据既包括数字化的音乐、影像资料和专利等，也包括统计数据和交易记录。前者可以被看作是以数据形式存在的产品与服务，而后者则更多地被看作是为了生产知识而进行的要素投入。琼斯和托内蒂（Jones and Tonetti，2020）认为数据可以被视为信息中不属于"创意"和"知识"的部分，其中"创意"是指一组能够被用于生产经济物品的指令。因此在他们看来，数据本身并不能直接用于生产经济物品，但是却可以通过创造新知识或形成对未来的预测等方式来指导经济物品的生产。也就是说，数据作为信息的一种表现形式，在所有信息中，它的作用具有间接性。它需要首先用于形成创意或知识等直接用于生产经济物品的信息，才能最终作用于经济物品的生产。

### （二）数据要素确权及价值评估问题研究

确定数据要素的产权是数据要素市场化的基础。最近几年随着数字经济的蓬勃发展，数字确权及其价值评估问题成为国内外学术界讨论的焦点，但讨论结果往往由于各方所持立场及方法的不同而大相径庭。维曼和汉德兰斯

（Wayman and Hunerlach，2019）使用"市场定价法"对数据资产进行价值评估。具体做法是先假定数据的价值建立在其量的大小、内容、性质、可用性、成熟度、唯一性和质量等多项内在要素基础上，再通过观察到的市场定价来向下推出数据要素的价值，进而估算出同等可比数据资产的价值。库珀（Coopers，2019）利用股票市场估值来间接衡量数据的价值。他发现，同一行业内数据驱动型企业的市场估值往往高于其他企业的估值，其市场溢价可被视为数据资产的价值。赖因斯多夫和里巴尔斯基（Reinsdorf and Ribarsky，2019）总结了从宏观视角衡量数据经济价值的三种方法：第一，市场法。数据资产的价值由市场上可比产品的市场价格来决定。例如，企业收集的关于所在行业数据的价值，取决于企业直接购买相应的数据或信息所需要支付的市场价格；第二，成本法。数据资产的价值取决于生产信息时的成本是多少，这一方法直接度量企业获取、收集、整理、分析与应用数据的成本；第三，收入法。数据资产的价值取决于对未来能够从数据中获取的现金流数额的估计。这种方法将数据资产类比为金融资产，用贴现的办法度量其价值。科伊尔（Coyle.，2020）认为，绝大多数数据的价值体现在其他商品和服务的产出中，而传统国民经济统计方法只能捕捉到处理数据的成本。因此应当扩大统计范畴，将企业对有用数据的创造视为对数据资产的投资，并将创造有用数据的成本视为数据资产的价值。

彭云（2016）指出，明晰的数据权属关系到数据收集、共享、交易的可持续发展，应当明确个人对其数据享有类似于"所有权人"的法律地位。对于去身份化处理的数据及在个人数据基础上形成的衍生数据，承认数据处理者拥有占有、使用、收益、处分的权利。德勤、阿里研究院（2019）将数据的价值视为重置成本和贬值因素的差值。其中重置成本是指收集、存储、处理数据所需的人力和设备成本以及数据服务业务所需的研发和人力成本；贬值因素则是指由于数据的时效性或准确性减弱而引发的价值下降。方元欣和郭骁然（2020）基于市场和非市场角度，分析数据要素的经济价值和社会价值，并对数据要素价值评估方法进行前瞻性分析。李刚等（2021）以实现数据要素价值最大化为目标，借鉴现代产权理论中的不完全合同、剩余控制等概念探讨了我国数据要素确权、市场交易机制设计等问题。

### （三）数据要素的核算方法研究

胡尔腾和中村（Hulten and Nakamura，2017）扩展了传统的增长核算模型。允许技术直接影响消费者福利，使技术进步除了在传统意义上以提高全要素生产率的方式"节约资源"之外，还产生了"节约产出"的效应。例如，ICT技术推动的电子商务等新经济模式的发展减少了对于传统商品和服务（如交通运输）的需求，而电子商务本身又因为缺乏明确价格没有被统计进GDP指标中，因此可以说作为虚拟生产要素的电子商务绕开GDP直接创造了消费者剩余。通过估计此类产出节约型技术的价值并计入GDP，可以实现对传统GDP核算框架的扩展。数据生产要素也体现出类似的性质，对于大数据的使用减少了企业对于传统商品服务的需求。因此与技术类似，数据生产要素也产生了额外的生产者剩余和消费者剩余，应被纳入GDP核算体系之中。布莱恩杰尔夫森（Brynjolfsson，2019）考虑到数字经济中新商品的频繁引入和零价商品的不断增加，在传统GDP的基础上提出了一个新的度量标准——"GDP – B"，其中包含了具有隐含价格的免费数字商品。通过量化和捕捉这些商品对福利的贡献，改善了传统GDP核算中对于数据生产要素的遗漏和误测。布莱恩杰尔夫森和科利斯（Brynjolfsson and Collis，2019）在此基础上估计出了Facebook提供的免费社交服务每年创造的经济价值：2004～2017年美国消费者通过使用Facebook获取了2310亿美元的剩余。如果将这部分消费者剩余加入GDP，会使美国的GDP增长平均每年增加0.11%。与之相对，美国在2004～2018年平均GDP增速仅为1.83%，这就意味着经济增长中的6%来源于Facebook提供的免费服务。

## （四）数据要素市场化改革的问题及对策研究

中共中央、国务院于2020年3月颁布的《关于构建更加完善的要素市场化配置体制机制的意见》中，明确指出要加快培育数据要素市场。在此背景下，国内学者围绕数据要素市场化的问题、对策进行了广泛探讨。王芳（2020）将要素市场化改革需要关注的问题归纳为资源配置、信息资源与数据要素的关系、数据资源的产权界定、数据资源的价值层次、数据资源的市场定价、数据资源的生产与供给、数据资源的需求开发、数据资源交易市场的治理、数据资源企业的规制以及数据产业健康发展等十大问题。蒋洁（2020）指出，培育发展要素市场需要综合运用法律规范、政策监管、技术革新、市场调节等多元手段进行数据要素市场化配置的顶层设计，构建常态化、合法化、透明化的数据治理框架，确保数据要素充分参与市场配置，实现科技创新环境下的经济高质量发展。

杨锐（2020）特别强调数据供给的市场化，认为这是培育数据要素市场的关键。而推进数据供给市场化的措施包括培育多元化的数据供给主体、有针对性地刺激其他行业对数据应用的需求、构建数据分析专业人才培养体系等。张亮亮和陈志（2020）认为，加快健全数据产权制度体系是数据要素市场化改革的首要环节，具体措施包括厘清数据主体与数据记录者的权利边界、尽快健全个人数据保护立法体系、尽快明确统一的数据监管机构以及试点打造数据要素市场样本等。夏义堃（2020）指出，数据与政府的天然联系决定了要推动数据要素市场化改革，必须深化政府数据治理方式变革。他进一步指出，数据要素视角下政府数据治理体系应包括数据法治、宏观数据调控、数据质量保障、数据资产管理等四个维度。陆岷峰和王婷婷（2020）认为，数据要素市场的培育是一个相当长的过程，在这个过程中要重点关注基础制度建设、坚持市场基本规律、吸取其他要素市场化改革的经验教训、制定完善数据要素治理的法律法规和制度。周军煜等（2020）认为，数据要素市场化最重要的是整合数据资源和坚守安全底线。如果数据要素不能实现市场化运行，反而会成为市场经济向纵深发展的阻力。陆岷峰（2020）将我国数据要素市场化存在的主要障碍归纳为数据要素法律缺失、数据孤岛问题严重、数据资源质量偏低、数据安全性差、数据要素交易量小等五个方面。

## 第三节　企业技术创新相关研究

企业技术创新活动是当代经济学和管理学共同的研究热点。与本研究直接相关的企业技术创新理论主要包括技术创新动力机制理论和技术创新激励理论两大领域。

### 一、技术创新动力机制理论

技术创新经济学中对于企业技术创新的动力来源问题有过专门探讨。本书将相关理论成果从内、外部两个方面进行梳理。其中内部动力机制包括盈利性投资理论和策略性优势理论；外部动力机制则包括技术发明推动论和市场需求拉动论。

## （一）内部动力：“盈利性投资”与“策略性优势”

“盈利性投资”与“策略性优势”理论分析了企业进行技术创新的内部动因。科恩和莱文塔尔（Cohen and Levinthal, 1989）指出，企业的技术创新活动源于两种推动力量，它们分别是“盈利性投资”和“策略性优势”。其中“盈利性投资”是指企业投入创新资源进行技术创新活动，一旦成功便能获得高额回报，从而形成利润激励；“策略性优势”则是引入博弈论来分析企业的技术创新行为。在产业组织理论看来，技术创新活动是企业的一种策略性行为。企业为了扩大自身的市场势力，会通过加大技术创新来改进生产工艺或开发新产品，从而提升竞争优势和市场份额。

但值得注意的是，第一，技术创新投资是一柄“双刃剑”。研发成功能够带来高额收益，使企业获得丰厚的投资收益。研发失败则会导致巨额的沉没成本和投资损失。而市场机制本身无法解决技术创新的高风险性问题，因此高风险性必定会导致理性投资者对技术创新活动的预期收益大打折扣，从而挫伤技术创新动力；第二，“策略性优势”的前提是企业对自身技术创新活动的成果拥有排他性权利，能够独享由创新成果带来的垄断性收益。但由前文的分析我们知道，如果不从法律层面对知识产权进行保护，创新成果的“溢出效应”很可能导致企业因技术创新而获得的垄断利润稍纵即逝，这将严重打击企业的创新积极性。总之，“盈利性投资”与“策略性优势”这两类企业技术创新的内部动力机制都存在先天不足。要想充分发挥它们对技术创新的推动作用，需要政府政策和法律层面的密切配合。

## （二）外部动力：“技术发明推动”与“市场需求拉动”

技术发明推动与市场需求拉动主要强调外部因素对企业技术创新活动的推动作用，它们是由熊彼特本人及后来的熊彼特主义者们提出并不断完善的。熊彼特（1912）认为，“不管技术是在经济系统之外还是在一个垄断竞争者的大型研究开发实验室中所产生的，都是技术创新与经济增长的主发动机”。可见熊彼特十分推崇技术发明对企业技术创新活动的推动作用，认为无论是外部技术发明还是企业内部的技术发明都将对企业技术创新产生推动作用。后来的学者将这种观点归纳为技术创新动力的“技术发明推动模式”。在20

世纪 60 年代以前，这种动力机制能够解释大多数的技术创新活动，因而在技术创新动力机制理论领域一直处于支配地位。

然而随着企业技术创新的多样化发展，技术发明的推动作用已无法解释全部的企业技术创新活动。施莫克勒（Schmookler，1966）对 1840~1950 年美国铁路、石油冶炼、农业机械和造纸等四类工业的投资和专利发明数据进行了分析，发现这些行业的投资额和专利数量的时间序列表现出高度的同步效应，且投资序列在大多数时间领先于专利序列。因此他认为，企业的技术创新活动与其他经济活动一样，是逐利性的，受市场需求及潜在需求的引导和制约。市场需求信息是企业技术创新活动的出发点，由此便提出了企业技术创新动力的"市场需求拉动模式"。然而和"技术发明推动模式"一样，这一模型同样无法解释所有的技术创新活动。

莫厄里和罗森堡（Mowery and Rosenberg，1979）发现，"需求的作用被过分夸大了……事实上，基础科学知识和市场需求以一种相互作用的方式，在技术创新过程中起着同样重要的作用，忽视任何一方都必定导致错误的结论和政策"，为此他们提出了一种折中的方式——"双重推动模式"（如图 2 – 1 所示）。在对加拿大 900 多家企业的技术创新活动进行的调查发现，其中靠技术发明推动和市场需求拉动的技术创新活动数分别占技术创新活动总数的 18% 和 26%；而余下 56% 的技术创新活动则均依赖技术发明和市场需求的双重推动作用。总之，技术创新是一个十分复杂的过程，任何一个因素都不可能是技术创新的唯一推动因素。在大多数情况下，企业的技术创新活动归功于技术发明推动和市场需求拉动的双重作用。

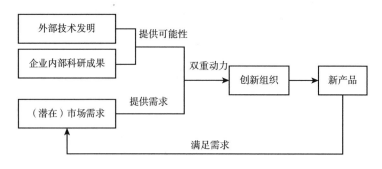

**图 2 – 1　"双重推动模式"的作用机制**

资料来源：作者绘制。

## 二、技术创新激励理论

技术创新激励是技术创新经济学研究的核心问题（柳卸林，2014）。技术创新激励的有效性及强度直接决定了企业开展技术创新活动的动力大小，从而对企业的技术创新能力产生重要影响。本部分内容首先对技术创新激励的内涵进行界定，然后分别介绍产权激励、市场激励和政府激励这三类技术创新激励的相关研究成果。

### （一）技术创新激励的内涵

要想对技术创新激励的内涵进行科学界定，首先需要弄清经济学中"激励"一词的含义。经济学领域的"激励"概念源自企业理论，并被技术创新经济学赋予了更多内涵。"激励"一词广泛存在于经济学、管理学、心理学、社会学等学科领域。本书所指的"激励"则仅限于经济学领域。在古典和新古典经济学范畴内，学者们将关注点放在市场上各种产品和要素的交易活动及其均衡结果，对经济运行的微观主体——企业的生产活动则不做讨论。企业本身被视为"黑箱"。直到20世纪30年代以科斯为首的新制度学派兴起，企业才真正成为西方经济学的研究对象之一。伯利和米恩斯（Berle and Means，1932）提出的公司所有权与经营权相分离的方法有效解决了大企业的管理难题，但同时也引发了信息不对称下的委托代理问题。20世纪70年代后，随着交易费用理论的不断完善和信息经济学、现代契约理论的发展，激励问题开始成为现代企业理论的研究重点。阿尔钦和德姆塞茨（Alchian and Demsetz，1972）的团队生产理论认为，企业的实质是一种团队生产方式。这种生产方式无法根据每一位成员的实际贡献去支付报酬，从而给偷懒者提供了机会，为此需要对员工进行相应的监督和激励。詹森和梅克林（Jensen and Meckling，1976）将委托代理问题产生的损失称为代理成本，并指出让经理层成为企业剩余权益的拥有者可以降低甚至消除代理成本。奥斯特罗姆和梯若尔（Holmstrom and Tirole，1989）总结了解决委托代理问题的三种激励措施，并认为委托人和代理人之间对剩余索取权按一定比例进行分配是目前最有效的一种激励方式。法玛（Fama，1980）、克瑞普斯和威尔森（Kreps and Wilson，1982）、米尔格罗姆和罗伯茨（Milgrom and Roberts，1982）等则运用动态博弈理论论证了竞争、声誉等隐性激励机制在激励代理人方面的作用。拉詹和津加莱斯（Rajan and Zingales，1997）认为使用权即使用企业关键资源的权力是所有权激励机制的最好补充。综上所述，经济学中的激励理论旨在研究通过监督、授予企业剩余索取权、股权分配、赋予企业关键资源的使用权等方式来解决由委托代理关系引发的代理人行为激励问题。由此可见，经济学领域的激励理论所涵盖的范畴仅限于企业内部的所有权激励。

由于企业的技术创新活动同时受到多种内外部因素的共同作用，如果将研究视野局限于狭义的激励制度本身，则无法全面审视企业技术创新活动的动力机制。也就是说，与现代企业理论中的激励概念相比，技术创新经济学中的技术创新激励应当有更加丰富的内涵。张旭升和孟庆伟（1998）认为，技术创新激励是"增强企业主体创新动机，提高其创新能力，赋予其创新权力，合理分担创新责任，增大创新成功概率，激发主体创新动机显现的过程"，并据此将创新激励分为利益激励、能力激励、权力激励和责任激励四类。顾海（2001）指出，产权激励是企业技术创新的根本激励制度，市场激励和政府激励则分别是企业技术创新的催化剂和保障。杜伟（2002）认为，以往关于创新激励的研究成果侧重于分析企业内部管理中的激励制度问题。对于技术创新激励而言，还应包括企业外部市场及政府层面的激励制度。黄泽峰（2007）根据激励实施主体的不同，将技术创新激励概括为企业内部激励和企业外部激励两大类。其中企业内部激励包括产权激励和制度激励；企业外部激励包括市场激励、政府激励以及民间激励。柳卸林（2014）将技术创新激励划分为产权激励、市场激励、企业激励和政府激励四种类型，其中产权激励通过确立创新者和创新成果之间的所有权关系来推动创新活动；市场激励通过市场机制来推动技术创新；企业激励是一种内部激励，主要方式是对企业经理层实施股权激励；政府激励则是在前几种激励无法有效发挥作用时的一种辅助措施。综合前人的研究成果，本书认为，技术创新激励是指通过产权制度、市场机制以及政府政策等内外部因素来提高企业开展技术创新活动的能力和动力，它本质上是在探讨技术创新的动力机制问题。当然，技术创新激励通常会对企业的技术创新活动产生正向激励作用。但若激励措施不当或受其他因素制约，也会出现创新激励为负的情况。

## （二）技术创新激励系统的构成

如图2-2所示，根据创新激励的不同来源，并参考既有研究成果的分类，本书最终将技术创新激励划分为产权激励、市场激励和政府激励三大类，从而形成一个"企业技术创新激励系统"（柳卸林，2014）。其中产权激励包含来自企业内部的所有权激励和来自企业外部的制度法规层面的知识产权激励；市场激励和政府激励则均来自企业外部。下面将对技术创新激励的三种类型分别进行理论和文献梳理。

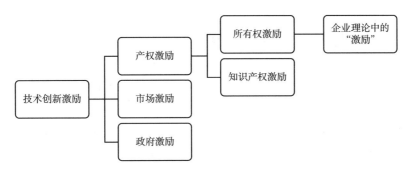

**图 2 - 2　技术创新激励的构成**

资料来源：作者绘制。

### 1. 产权激励

追求利润最大化的企业开展技术创新活动是为了获得由创新带来的垄断收益，而创新收益是否能够维持则取决于创新者与创新成果之间的关系。与企业创新成果相关的产权主要包括所有权和知识产权两种类型，其中前者由股权激励制度来为企业技术创新活动提供激励；后者则由专利保护制度提供创新激励。

（1）所有权：股权激励机制。委托代理制度的兴起在明确了股东和经理层权责关系的同时，也导致公司所有权与经营权的分离，进而引发所谓的"委托—代理问题"。根据委托代理理论，由于经理层的薪水主要与企业当期的经营绩效挂钩，因此在缺乏股权激励制度的情况下，经理层的决策很可能只是着眼于企业的短期利益。而只有当经理层和股东的利益一致时，才会激励经理层去追求企业长期利益最大化。中原（Nakahara，1997）指出，经理层对企业技术创新活动的支持是推动企业技术创新的最重要因素。而技术创新活动天然具有风险大、项目周期长的属性。如果没有充足的股权激励，势必会削弱经理层开展技术创新活动的积极性，从而导致企业创新激励的缺乏。史密斯（Smith，1995）研究表明，管理层高持股或有重要外部大股东的公司与股权分散的公司相比，更加倾向于技术创新。扎赫拉（Zahra，2000）的实证研究表明，企业经理层的持股比例与企业技术创新活动呈显著的正相关关系。李和奥尼尔（Lee and O'Neil，2003）认为，当经理层拥有较少的信息或较低的股权激励时，便会导致企业较低的 R&D 投入。吴和图（Wu and Tu，2007）发现，股权激励对企业 R&D 投入的作用大小会受到企业冗余资源以及公司业绩的影响。当公司具备可用的冗余资源或业绩较好时，股权激励对 R&D 投入的促进作用更为显著。亚历山德里和帕蒂（Alessandri and Pattit，2014）运用组织行为理论和委托代理理论探讨了企业 R&D 投资的影响因素。他们通过对美国 573 家制造业上市公司的面板数据进行实证研究，发现股权激励机制能够有效缓解因组织涣散、公司绩效低于预期等因素对企业 R&D 投入的不利影响。

黄淙淙（2011）对中国中小板上市公司的实证研究表明，对经理层实施以股票期权为主的股权激励机制显著促进了企业的技术创新活动；而民营产权则不利于这种激励作用的实现。汤业国和徐向艺（2012）认为，不同所有制企业中股权激励对提升企业创新激励的作用有所不同，其中国有及国有控股企业的经理层股权激励与 R&D 投入正相关；而民营企业的经理层股权激励则与 R&D 投入呈倒 U 型关系。侯晓红和周浩（2014）指出，股权激励制度能够明显促进企业的 R&D 投入，且股权激励强度越高、有效期越长就越有利于激励作用的发挥。但不同的股权激励模式对企业 R&D 投入影响的差异性并不显著。另外，近年来还有学者对企业内部创新人才的股权激励与企业创新激励的关系进行了研究。姚丽华（2014）研究发现，中国战略性新兴企业对高管和以创新人才为主的核心骨干的股权激励制度提升了企业的直接创新绩效，且限制性股票激励对企业创新行为的激励效果优于股票期权。赵登峰等（2015）认为，对高级专业化劳动力实施股权激励同样有助于企业创新激励的提升和产出的长期稳态增长。

（2）知识产权：专利保护制度。在解决了由技术创新活动间接得到的垄断利润这一有形资产的所有权问题之后，企业的创新激励还面临另外一个问题，那就是对由创新活动直接获得的无形资产——知识产权的保护。技术创新成果往往凝结为信息、知识等无形资产，具有一定的公共产品属性。在缺乏专利保护制度的情况下，一旦这些创新成果转化为现实的生产技术并制造出新产品后，便很容易被其他企业模仿、复制，导致新产品市场供给的激增和创新企业垄断利润的消失。因此，只有通过专利保护制度对企业在一定时期内的新产品垄断经营权进行法律上的认可和保护，才能有效激励企业的技术创新活动。国内外学者对知识产权保护的创新激励作用进行过不少论述。新制度学派的代表人物之一诺斯（1991）认为，一套鼓励技术变化、提高创新的私人收益率并使之接近社会收益率的激励制度，仅仅随着专利制度的建立才被确立起来。金士顿（Kingston，1990）指出，1877 年颁布的专利法为德国从 1850 年的穷国跃升为 1900 年的富国起到了重要作用。恰尔尼茨基和图尔（Czarnitzki and Toole，2011）运用实物期权投资理论解释了专利保护对企业创新的作用机制。他们认为专利制度之所以能够激励企业增加 R&D 投入，是因为它能有效降低市场不确定性对企业投资决策的影响。张倩和谭慧敏（2008）通过法经济学的视角对专利制度的利弊进行重新审视，指出专利制度的垄断效应所导致的效率损失并不足以掩盖其对企业技术创新的激励效果。

专利制度创新激励作用大小受到专利保护时长、广度以及企业所处行业技术特征等因素的影响。诺德豪斯（Nordhaus，1969）认为，延长专利保护时间可以增加企业的创新投资激励，但却会对市场竞争程度、市场价格以及技术传播带来不利影响。贾菲（Jaffe，2000）指出，专利的广度（或范围）规定了专利的产业应用范围，它会同时对受专利保护的创新主体及整个社会的回报率产生影响。一个最优的专利保护制度应当是最佳时间长度和最佳广度的结合。格兰斯特兰德（Granstrand，2005）研究发现，专利保护制度对企业创新激励的作用存在行业差异，较高的保护强度促进了化学、医药等产业的创新；而较为宽松的专利制度和较短的专利寿命则有利于信息产业这类技术更新换代快的产业的快速发展。刘春林和彭纪生（2004）认为，我国专利法"一刀切"式地将专利保护期限定为 20 年并不符合各产业的实际情况，通过调节不同产业以及不同类型专利的保护期限有利于实现企业研发激励、技术扩散以及创新者占有创新收益份额之间的平衡。柳剑平和郑绪涛（2008）认为，为了更好地发挥我国专利制度对企业技术创新活动的激励作用，有必要进一步缩短专利申请后的实际授权时间、加大激励力度以及完善专利成果转化的保障机制。许培源和章燕宝（2014）从行业技术特征的角度考察了知识产权保护技术创新效应的行业异质性特征，认为高技术行业对知识产权保护的敏感性高于一般行业。

然而也有部分国内外学者对知识产权保护的创新激励作用提出了质疑。施耐德（Schneider，2005）对 47 个发达国家和发展中国家的对比研究发现，知识产权保护对发达国家的技术创新活动具有显著的促进作用；然而对发展中国家的技术创新活动却呈现出抑制作用。胡和马修斯（Hu and Mathews，2005）的实证研究表明，东亚五国的知识产权保护水平均与它们的技术创新绩效存在负相关关系。马库斯（Markus，2000）、奥多诺霍和茨维米勒（O'Donoghue and Zweimüller，2004）、王华等（2011）学者则认为，专利保护强度和技术创新之间并不是简单的线性关系，而是存在倒 U 型关系。因为当专利保护强度高于某个门槛值时，会大大增加落后地区（或模仿企业）的学习成本，从而对其创新积极性造成不利影响。也就是说，专利保护强度并非越高越好。帕克（Park，2008）将这种观点命名为"最优知识产权保护假说"。另外，余长林和王瑞芳（2011）、胡凯等（2012）还考察了经济发展水平对最优专利保护强度的门槛效应。指出当一国（或地区）的经济发展水平低于某个门槛值时，专利保护强度的提高可能会对技术创新产生负向影响。因为此时大部分企业可能尚处于模仿创新阶段，提高专利保护强度非但不能激发企业的创新积极性，反而会增加企业的创新成本和创新风险。

**2. 市场激励**

对企业的技术创新活动而言，市场机制与产权制度一样，是一种实施费用低且运转效率高的激励制度（柳卸林，2014）。市场机制对企业技术创新的激励作用主要通过价格机制来传导，而企业规模、行业集中度等市场结构特征也会对企业的技术创新激励产生影响。

（1）价格机制与创新激励：诱致性技术创新理论。柳卸林（2014）认为，市场过程是一个对技术创新进行自发组织的过程，企业会在市场机制的作用下自发地开展技术创新活动。而市场对技术创新激励作用的实施则主要仰仗于价格机制（包括产品价格和要素价格）的自发作用，这就是诱致性技术创新理论的核心思想。概括而言，诱致性技术创新理论包含两大分支：一是"产品需求诱致技术创新理论"。是指产品市场上的需求增加引发的产品价格上升对企业技术创新活动的激励作用；二是"要素价格诱致技术创新理论"。是指要素相对价格变化对技术创新的影响作用。格里利切斯（Griliches，1957）论证了在美国杂交玉米技术的发明和推广过程中，市场需求所发挥的重要作用。施莫克勒（Schmookler，1966）认为，引致技术发明的关键因素不是基础科学知识，而是市场力量的作用。希克斯在 1932 年出版的《工资理论》一书中首次提出了"诱致性发明（Induced inventions）"的概念。

认为是企业追求利润最大化的动力促使其积极研发那些能够节约相对价格较高的要素的生产技术，从而对企业的技术创新活动产生激励作用。艾哈迈德（Ahmad，1966）运用创新可能性曲线（$IPC$）建立起了诱致性技术创新理论的分析框架。宾斯万格（Bingswanger，1972）对艾哈迈德（1966）的模型进行拓展，用 $IPC$ 曲线位置的移动表示产品需求变化，用 $IPC$ 曲线的上点的位置变动来表示要素相对价格的变化，从而将诱致性技术创新的两个分支成功整合于一个分析框架中。

图 2-3 展示了诱致性技术创新的分析框架。其中 $P_t P_t$ 和 $P_{t+1} P_{t+1}$ 分别表示要素价格为（$P_t^K$，$P_t^L$）和（$P_{t+1}^K$，$P_{t+1}^L$）时的等成本线；$IPC_t$ 和 $IPC_{t+1}$ 分别为 $t$ 期和 $t+1$ 期的创新可能性曲线。假设最初（即 $t$ 期）的均衡点为 $A$ 点。如果 $t+1$ 期产品需求增加，短期内在总供给无法迅速增加的情况下，势必会使该种产品的市场价格升高。那么企业就会为了提高产出水平以获得更多利润而自发地进行工艺创新，从而使等成本线向内平行移动，均衡点由 $IPC_t$ 上的 $A$ 点移动到 $IPC_{t+1}$ 曲线上的 $B$ 点；如果 $t+1$ 期资本价格下降从而导致资本和劳动的相对价格发生变化，那么企业为了节约生产成本，必然会积极研制节约劳动力的新技术，使得企业的要素使用结构更偏向于资本，等成本线的斜率发生变化，新的均衡点变为 $IPC_{t+1}$ 曲线上的 $C$ 点。

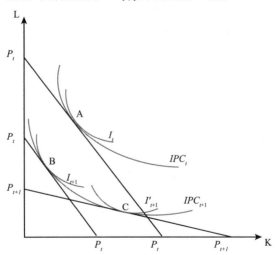

**图 2-3　产品需求增加和要素相对价格变化导致的创新可能性曲线变动**

资料来源：Binswanger H. P. ，Induced Innovation：A Critical Review of the Theory and Conclusions from New Evidence ［R］. University of Minnesota，Department of Applied Economics，1972.

（2）市场结构与创新激励：熊彼特创新经济学及其引申。究竟是竞争型还是垄断型的市场结构更有利于激励企业进行技术创新，学者们对这一问题进行了长期论争。对市场结构和技术创新关系的关注始于技术创新经济学的鼻祖熊彼特。他在 1942 年出版的《资本主义、社会主义与民主》一书中对当时经济学界崇尚完全竞争的做法进行了批判，并指出垄断型的（或以大企业为主的）[①] 市场结构已成为"经济进步最有力的发动机"。他认为大企业之所以更具技术创新激励，是因为大企业需要通过创新来稳固自身的垄断利益且大企业在技术创新过程中更易产生规模经济。另外，创新所具有的高风险、高投入的天然属性使得大企业与小企业相比更具创新实力。麦克劳林（Maclaurin，1954）对 1925～1950 年美国 13 个产业的市场结构与技术进步状况进行了考察，发现垄断程度高的企业技术进步要比一般企业更快。因此他认为"某种程度的垄断是技术进步不可或缺的"。弗里曼（Freeman，1989）研究发现，美、德、英、日等西方发达国家的大企业集中了绝大多数的 R&D 经费及研发活动，而拥有 R&D 机构或开展正式的 R&D 活动的小企业却寥寥无几。科德和拉奥（Coad and Rao，2010）运用向量自回归模型对美国企业的销售收入增长率、员工增长率以及利润增长率与 R&D 投入的关系进行了长期观测，发现除了利润增长率与 R&D 投入之间不存在显著相关关系之外，销售收入增长率和员工增长率的提升均会对企业 R&D 投入产生积极影响。而且这种影响具有"棘轮效应"特征，即正的外部冲击能够增加企业 R&D 投入；而负的外部冲击并不会导致企业 R&D 投入的下滑。陈和施瓦茨（Chen and Schwartz，2013）从新产品收益的角度论证了垄断者比竞争者更具创新积极性这一观点。他认为，虽然垄断者进行技术创新会面临新产品对旧产品的"利润转移效应"，但它由新产品销售所获得的创新收益仍会高于面临激烈竞争的其他厂商，因此垄断者的创新积极性也将高于一般竞争厂商。

国内学者中，傅家骥（1998）指出，从现实情况来看，迄今为止中国大多数重大的技术创新是来自大企业。徐志明（2010）认为，市场激励是推动中小企业技术创新的根本动力，过度竞争的市场结构导致企业只重视数量扩张，是我国中小企业普遍缺乏自主创新动力的重要原因。2011 年，中国规模

---

[①] 熊彼特并未对垄断和大企业进行区分，他认为"垄断事实上意味着任何大规模企业"（Schumpeter，1939：1044）。从以往的研究成果来看，学者们通常用企业规模、市场份额或行业集中度等指标来刻画市场结构特征。

以上工业企业中设立研发机构的企业占总数的 7.8%，其中大中型工业企业中有 19.8% 的企业设立了内部研发机构；而小企业则几乎没有自己的研发机构①。寇宗来和高琼（2013）利用 Tobit 模型对中国工业企业研发强度的影响因素进行了分析。结果显示市场份额越大的企业，其技术创新积极性往往越高。从企业产权特征来看，股份制企业的创新激励大于国企和私企。

由于小企业往往更富有竞争意识和创业精神，因而有学者认为竞争型的（或以小企业为主的）市场结构更有助于激励企业的技术创新。谢勒（Scherer，1965）研究发现，美国企业的专利强度与企业规模并不存在显著的正相关关系，且专利强度、R&D 人员与企业利润之间也没有显著关系。因此他认为，技术创新并不限于某些特定规模的企业，有些小企业反而比大企业更具创新活力，从而否定了熊彼特关于大企业更有利于创新的结论。马克姆（Markham，1965）、纳尔逊（Nelson，1967）等则认为，熊彼特的理论是存在一个阈值限定的。虽说偏离完全竞争状态是技术创新的先决条件，但也并非偏离越多越好。格拉博斯基（Grabowski，1968）研究发现，企业 R&D 强度与企业规模之间的关系在不同产业表现出不同特征。比如医药产业中企业 R&D 强度与企业规模之间存在倒 U 型关系；而化学产业中企业 R&D 强度则与企业规模正相关。格罗斯基（Geroski，1990）通过对 1945～1983 年英国企业的研发创新行为进行实证分析，发现垄断型企业在 R&D 投入和创新产出方面并未表现出特殊优势；相反中小企业或新创立的企业通常在创新方面有不俗表现。郑刚等（2014）认为，研发和非研发创新都是企业技术创新的重要途径。对中国大量不具备正式研发机构的中小企业而言，非研发创新是一种成本较低、有效性较强的创新途径。但长期以来却被政府、产业界以及学术界所忽视，导致中小企业的创新实力被低估。

另外，还有少数学者认为，市场结构与企业创新之间并不存在必然的联系。杰斐逊（Jefferson，2006）的实证研究表明，企业规模和市场集中度均未对中国企业的 R&D 投入产生显著影响。阿特斯（Artés，2009）将企业的研发决策区分为长期 R&D 决策和短期 R&D 决策，其中前者是指是否要进行研发创新；后者是指当创新项目启动后要进行多少数额的 R&D 投入。他通过对西班牙企业的面板数据进行 Heckman 选择模型估计，发现市场结构会影响

---

① 大幅提高企业建立研发机构比例［N］. 人民日报，2013－03－01。

企业的长期 R&D 决策，但对短期 R&D 决策并不会产生显著影响。周黎安和罗凯（2005）通过对中国 1985～1997 年的省级面板数据进行研究发现，企业规模对技术创新的促进作用仅在非国有经济领域有效；国有企业的规模与技术创新之间并不存在显著因果关系。这提醒我们企业规模对技术创新的促进作用要以一定的公司治理结构为前提，单纯的规模化扩张并不能够确保企业创新能力的提升。

### 3. 政府激励

如前所述，技术创新成果具有一定的公共产品属性。那么根据市场失灵理论，无论是在完全竞争还是垄断的市场结构下，企业对创新产品的供给都将低于社会最优水平。为此，需要政府通过政策措施来激励企业的技术创新活动。比如通过政府补贴来弥补创新过程中因不可避免的知识泄露及创新成果的非完全占有所导致的溢出效应。

（1）政府激励的方式。政府激励的方式有很多种，比如政府补助、税收优惠、金融支持、政府采购、科教政策、发明奖励等。不同激励方式的作用机制及激励效果不尽相同。其中政府补助、税收优惠以及金融支持政策等均是从供给端为企业研发创新增加资金供应；而政府采购则是从需求端为企业的创新产品提供稳定的市场需求。

在西方发达国家，政府普遍倾向于通过政府采购而非政府补贴的方式来激励企业创新。罗思韦尔（Rothwell，1981）比较了政府 R&D 补助和政府采购对技术创新的激励作用，发现长期而言政府采购能够在更多领域发挥作用；格罗斯基（Geroski，1990）的定量研究也发现政府采购对技术创新的激励作用比政府 R&D 补助更有效。这是因为一种新产品或新技术在刚刚推向市场时往往会面临需求不足的困难，而政府采购在这个时期能够提供一种很直接的宣传和刺激手段；阿舍霍夫和索夫卡（Aschhoff and Sofka，2009）指出，政府采购作为一项从需求端着手的创新政策，它与其他供给端创新政策相比的突出优势在于，它可以事先指定一个意愿产品并激励企业采用最有效的技术来付诸实践。随着中国政府对政府采购创新激励作用的重视，近年来国内部分学者也对政府采购的创新激励效应进行了研究。彭鸿广（2012）运用不完全信息博弈理论，分析了不同政府技术采购情形下的技术创新激励机制；胡凯等（2013）研究了市场竞争对政府采购创新激励作用的影响，认为竞争不足阻碍了政府采购作用的发挥，导致中国的政府采购政策并未对企业技术创新产生显著的激励作用。

根据以往学者的经验研究，在市场机制尚未健全的当下中国，从供给端着手的政府激励措施（如政府补贴、税收优惠、金融支持政策等）似乎更能激发企业的创新活力。娄贺统（2007）对我国企业技术创新的税收激励效应进行了分析，发现我国政府的税收优惠政策能在一定程度上对企业的 R&D 投入产生正向激励，但不同的优惠税种及税收激励工具对企业技术创新活动的激励作用存在差异。王遂昆和郝继伟（2014）研究表明，政府补贴和税收优惠都会对中国企业的技术创新产生激励作用。其中政府补贴比税收优惠的激励作用更大，且政府补贴在中小企业创新活动中的激励作用比在国企中更大。赵大平（2014）将政府激励的方式划分为直接激励和间接激励两大类。认为直接的资金激励因其较强的针对性而对企业技术创新的激励作用最大，但它对市场造成的扭曲程度也比直接的准资金激励以及间接激励更加严重。蔡卫星等（2015）发现，政府支持和贷款的可获得性对我国中小企业的研发决策具有显著的正向影响，而政府补贴对企业研发行为的激励作用比税收优惠、土地优惠等政府支持方式更为显著。刘放等（2016）认为税收优惠整体上有助于激励中国企业加大创新投入，而融资约束程度、产品市场竞争程度以及地区市场化程度的提高将会强化税收优惠的激励效果。

（2）政府激励的有效性问题。与产权激励和市场激励相比，政府激励对企业技术创新的作用受到最多质疑。布梭尼（Busom，2000）、瓦尔斯滕（Wallsten，2000）、凯撒（Kaiser，2006）等的研究表明，政府补助对企业内部 R&D 投入会产生"挤出效应"。即获得政府研发补助的企业往往会减少自身的 R&D 投入，导致企业实际用于技术创新的资金并未增加，从而使政府补助对企业技术创新的激励作用被削弱甚至失效。盖莱茨和伯特利（Guellec and Potterie，2000）对 17 个 OECD 成员国的技术创新数据进行分析后发现，政府补助对企业创新行为的激励作用与补助金额有关。当补助金额占企业 R&D 投入的比例达到一定极值后，政府补助对企业技术创新活动的正向激励作用就会降低。冈萨尔和帕兹（González and Pazó，2008）对西班牙小型制造业企业的技术创新活动进行了研究，发现如果没有政府补助，小企业开展技术创新活动的可能性不大，且政府研发补助对西班牙企业的技术创新活动并不存在挤出效应。

安同良等（2009）运用动态不对称信息博弈模型分析了政府补助对企业

技术创新行为的影响。认为当政府拥有关于企业创新类型的真实信息时，政府 R&D 补助能有效激励企业进行自主创新；而当政府和企业之间存在信息不对称且人力资本价格过于低廉时，政府补助则会对企业技术创新活动产生"逆向"激励作用。姜宁和黄万（2010）对中国高技术产业中政府补助对企业 R&D 投入的影响进行了测度，发现这种影响因行业而异。其中医药制造业的政府补助能够激励企业的技术创新活动；而航空制造业中政府补助对企业 R&D 投入则存在挤出效应。毛其淋和许家云（2015）运用倾向得分匹配的倍差法与生存分析方法评估了政府补助对企业新产品创新的影响，发现补贴强度的适度区间为 $[0.0009，0.0399]$。一旦超出这个区间，政府补助便会对企业新产品创新产生抑制作用。

综上所述，以往国内外学者对企业技术创新激励来源的研究要么关注市场与政府这些外部激励因素，要么从企业内部的视角关注所有权、产权等制度因素，却鲜有学者探讨国家经济体制的变革或演进这类外部制度因素以及由此带来的连锁效应对企业内部技术创新活动的激励效果。改革开放后，中国经济领域的渐进式改革在激发经济持续发展的同时，也导致了一系列扭曲效应，要素市场扭曲便是其中致命的一种。本书正是从外部制度因素的视角，探讨由制度变革引发的要素市场改革对技术创新激励的作用机制及影响效果。

## 第四节　要素市场对企业技术创新影响的相关研究

要素市场对企业技术创新的影响是本书的研究主题。综观国内外相关研究成果可以发现，截至目前尚未出现囊括本书所有研究领域的研究成果。相关研究散见于劳动或资本价格对企业技术创新的影响研究、技术要素对企业技术创新的影响研究以及数据要素对企业技术创新的影响研究等研究领域，接下来将对这些领域的主要成果进行归纳。

### 一、传统要素市场对企业技术创新的影响研究

为了研究资本、劳动等传统要素市场对微观企业技术创新行为及绩效的影响，近年来有不少学者对要素市场与企业 R&D 投入或企业创新产出的关系

进行了实证考察。主要包括以下三个视角：要素市场影响企业技术创新积极性的方向性特征、企业异质性特征以及方式性特征。

## （一）方向性特征

所谓"方向性特征"，是指要素市场对企业技术创新积极性的作用方向究竟是正向还是负向的。以往绝大多数学者的研究结果均表明，中国要素价格被低估对企业技术创新积极性造成了不利影响，即要素市场扭曲程度与企业 R&D 投入之间呈现负相关关系。张杰等（2011）通过研究中国工业要素市场化与企业 R&D 投入的关系发现，要素市场化带来的寻租机会导致企业减少自身的 R&D 投入。郑振雄和刘艳彬（2013）分析指出，中国要素市场上资本和劳动价格被人为压低，企业以廉价的资本和劳动来替代技术投入，导致中国各行业的 R&D 强度普遍低于美国、日本、欧洲等高收入国家。李平和季永宝（2014）认为，要素市场化在促进中国经济短期内快速增长的同时，对技术创新产生了抑制效应，并将要素市场化对企业自主创新的作用机制总结为资本价格市场化抑制效应和劳动价格市场化的两阶段效应。戴魁早和刘友金（2015）认为，要素市场扭曲对高技术产业 R&D 资本投入增长产生了抑制作用，但却促进了 R&D 人力投入。

## （二）企业异质性特征

根据以往学者的研究成果，在地区、企业所有制等层面，要素市场化对不同类型企业技术创新积极性的影响都存在明显的个体差异性。

在地区层面，张杰等（2011）认为，要素市场化越严重的地区，要素市场化对企业 R&D 投入的抑制作用越大。戴魁早和刘友金（2015）指出，要素市场化是导致地区层面企业 R&D 投入差异的重要原因。这意味着各地区可以通过自身要素市场的完善来提升本地企业的研发积极性。

在企业所有制层面，黄鹏和张宇（2014）考察了不同所有制企业之间要素市场化对 R&D 投入影响的差异性，发现民营企业普遍面临更为严重的劳动价格被低估，继而引发对企业创新活动更严重的抑制效应，因此放松对民营企业的体制性束缚是激发企业自主创新活力的关键。杨洋等（2015）指出，政府补贴这一创新激励方式对民营企业创新积极性的激励作用大于国有企业。但要素市场化的存在会同时削弱政府补贴对民营企业和国有企业的创新激励作用，且对民营企业的削弱作用更大。

总之，现有研究对要素市场化影响企业技术创新积极性的企业异质性特征的考察主要涉及地区层面和企业所有制层面。而根据本书接下来的分析，在行业层面和企业规模层面，要素市场化对企业技术创新积极性的影响同样存在个体差异。

### （三）方式性特征

如前所述，企业技术创新激励的方式包括产权激励、市场激励和政府激励三大类。然而对于要素市场化究竟通过哪种技术创新激励方式来影响企业技术创新积极性这一问题，学术界较少给予关注。在现有的研究中，只有杨洋等（2015）考察了在要素市场存在价格被低估的条件下，政府补贴这一重要的政府激励方式对中国工业企业创新绩效的影响。发现在要素市场化程度越低的地区，政府补贴对企业创新绩效的促进作用越大，且所有制对政府补贴和企业创新绩效的调节作用也依赖于要素市场化程度。由此可见，要素市场化会通过削弱政府补贴的有效性进而对企业的技术创新活动造成不利影响。那么对于其他几种创新激励方式，比如产权激励、市场激励以及政府激励的其他几种措施，其有效性是否同样受到要素市场化的影响呢？现有研究并未给出答案。

## 二、技术要素对企业技术创新的影响研究

阿罗拉和福斯富里（Arora and Fosfuri，2003）指出，技术市场通过技术授权、技术许可等方式提升了中小型科技企业的技术创新能力。弗塞尔（Feser，2002）、格斯林（Gossling，2004）认为，技术市场的扩大增加了企业可获得的技术机会，从而有助于企业创新产出的增加。安东内利等（Antonelli et al.，2011）发现，技术市场的扩大通过降低交易成本使区域知识价格趋于下降，从而促使企业增加创新投入。赵志娟和李建琴（2015）指出，技术市场通过内生增长机制、技术扩散机制以及资源配置机制使区域创新能力得到提升。刘凤朝等（2018）指出，技术要素市场化有助于解决区域内部技术供给与技术需求的错位，实现创新主体优势互补。庄子银和段思淼（2018）认为，技术市场有助于连接产学研体系中的各方主体，推动新技术

的产生、扩散及应用。夏凡和冯华（2020）指出，技术市场规模的扩大可以通过影响企业的创新行为决策来促进区域技术进步。张亚萍等（2020）从技术输出与技术吸纳视角测度了技术市场对重大科技创新的影响，发现技术输出能够显著提升重大科技创新水平；而技术吸纳的影响则不显著。

### 三、数据要素对企业技术创新的影响研究

目前学术界尚未出现直接关注数据要素对企业技术创新影响的相关研究成果，但一部分学者在探讨数据要素对企业生产决策、生产效率的影响等议题时都绕不开数据要素对企业技术创新的作用。随着大数据技术的迅速发展和广泛应用，越来越多的企业开始从管理者主导型决策转向高度依赖数据分析结果的科学决策模式，即所谓的"数据驱动型决策"（简称 DDD 模式）。布林乔尔松等（Brynjolfsson et al.，2011）基于美国上市公司的一手调查数据结果发现，DDD 模式可以解释 2005～2009 年美国企业生产率增长的 5%～6%，越来越多的企业尤其是制造业企业开始转向 DDD 模式。普罗沃斯特和福塞特（Provost and Fawcett，2013）认为，DDD 模式能够通过提高企业研发及管理决策的科学性、准确性，进而提高企业的生产率和资源配置效率。穆勒等（Muller et al.，2018）将数据要素提高企业生产率的作用机制归纳为信息挖掘、协同创新和产品质量提升三大机制，其中后两种作用机制都与企业技术创新行为直接相关。在此基础上，该研究还使用面板数据回归模型检验了 2008～2014 年 814 家美国企业大数据分析对企业生产效率的影响效应。结果发现，对于样本中的所有企业来说，拥有大数据分析会使平均生产率提高 4.1%；具体到行业层面，大数据分析使得信息技术密集型行业的生产率提高 6.7%，竞争性行业的生产率提高 5.7%。维德坎普和钟（Veldkamp and Chung，2019）十分强调数据要素对于企业有效甄别生产技术、提升技术创新能力的重要作用。具体而言包括以下两种途径：一方面过往交易记录会精准揭示消费者关于产品款式、颜色等细节方面的偏好，从而帮助企业进行针对性极强的产品工艺改进；另一方面随着生活水平的提高，消费者的偏好日程呈现出多元性、多样性、持续变化性等新趋势。企业只有在大数据资源的持续支持下才能适应这种变化，不断进行产品工艺改进、新产品研发等方面的创新活动。

# 第五节  文献述评

要素市场对当下中国各领域的经济问题和突出矛盾都产生了深远影响。只有细致把握中国不同地区、不同行业、不同规模以及不同所有制企业的要素市场化程度，才能在"供给侧结构性改革"的过程中厘清要素市场与各种结构性失衡问题的关系。从要素市场化相关理论及文献的梳理中可知，现有文献对要素市场化程度的测算绝大多数是省级层面的要素价格相对市场化程度或行业层面的要素价格绝对市场化程度的测算，而利用微观企业数据对要素市场化程度及其个体差异性的研究则较为缺乏。为此，本书首先给出要素市场化程度的明确定义，用某种要素的实际价格与其自身的边际产出之比来衡量要素市场化程度；并在此基础上对微观企业的要素市场化程度及其在地区层面、行业层面、企业所有制及企业规模层面的个体差异性进行了全方位测度。

激励问题是技术创新经济学的核心议题之一。由于创新成果存在溢出效应，任何行业、任何所有制类型的企业在技术创新过程中都面临不同程度的激励不足问题。如何通过产权、市场、政府等全方位的制度设计为企业技术创新活动提供持久有效的激励，是技术创新经济学要解决的首要问题。现有文献对技术创新激励的内涵及构成的研究都较为分散。各种类型的激励手段缺乏明确的功能定位，尚未形成一个结构清晰、分工明确的技术创新激励系统；其次，由于在传统的学科分类中，技术创新理论属于管理学的范畴，因此长期以来对技术创新的研究大多拘泥于微观企业战略管理的视角，而缺乏经济学层面的理论研究和机制分析，对企业技术创新激励的相关研究也不例外。本书通过对各种创新激励手段对企业技术创新活动的作用机制进行具体分析，试图构建起一个完整有效的企业技术创新激励系统，为切实解决企业创新动力缺乏问题提供理论参考。

对于要素市场化与技术创新的关系，通过要素市场影响效应的文献梳理可知，现有研究绝大多数是直接考察传统要素市场化与企业 R&D 投入之间是否存在相关关系及其相关关系究竟为正相关还是负相关，以及这种相关关系在地区、行业、企业所有制等所体现出的企业异质性特征。却鲜有学者从技术创新激励有效性的角度对二者之间的作用机制进行深入分析，关注技术、数据等新兴要素对企业技术创新影响的研究更是凤毛麟角。杨洋等（2015）虽然考察了要素市场化程度不同的地区之间政府补贴对企业创新绩效的影响差异，但并未研究要素市场化对其他类型技术创新激励方式有效性的影响效应。本书将在构建出完整的"产权—市场—政府"三维技术创新激励系统的基础上，深入分析传统要素市场化情况下各类技术创新激励方式的作用机制。并通过考察技术、要素等新兴要素的特性，试图探究新兴要素市场化对企业技术创新的特殊作用机制。最终运用面板数据回归等实证分析方法对本书的作用机制分析进行全面而细致的实证检验。

# 第三章

# 三维创新激励模型构建

在分析要素市场化改革对企业技术创新的影响之前，有必要先对企业技术创新活动的激励机制问题进行系统论述。如前所述，创新激励包括产权激励、市场激励和政府激励三大类。它们的存在都是为了解决因创新活动的高风险性和创新成果的溢出效应而导致的企业技术创新动力不足问题。为此，本章首先对企业技术创新活动的动力机制进行分析，然后分别论述三类创新激励手段对企业技术创新活动的作用机制，最终构建起囊括产权、市场、政府的三维创新激励系统。

## 第一节　企业技术创新的内外双重动力机制

要想真正解决企业技术创新动力不足问题，首先需要搞清楚企业技术创新活动的动力来源究竟有哪些，以及各种动力来源对企业技术创新活动的作用机制。本节内容将在整理前人关于企业技术创新动力相关研究的基础上，解构企业技术创新活动的动力机制。

### 一、内部阻力：资源不足与创新本性

本书理论分析部分归纳了技术创新经济学中有关企业技术创新动力的理论成果。而在厘清企业技术创新活动的动力因素之后，还需要对阻碍企业开展技术创新活动的各种因素有清醒的认识，才能扫除技术创新过程中的障碍，

为企业技术创新提供可能性。对于企业技术创新活动的阻力，同样可以从企业内部和外部两个方面进行分析。

阻碍企业技术创新的内部因素包括：第一，企业 R&D 资金及人员不足。技术创新活动对资金和技术人才以及二者的匹配性都有较高的要求，处于初创期或规模较小的企业通常无力负担高昂的研发成本，从而大大限制了这些企业的技术创新活动。这就需要政府通过财政补贴、税收减免、基础科研支撑等方式来缓解企业技术创新的成本压力；第二，创新投资的高风险性。如前所述，创新投资的高风险性与高回报性是相伴而生的，市场机制的自发作用往往容易导致企业创新投资不足。如何通过内外部措施来降低创新风险、确保企业创新投资收益，是技术创新激励理论必须克服的难题；第三，创新成果的"溢出效应"。由于创新成果往往体现为技术、信息等无形资产，很容易被外界窃取、模仿，导致创新企业无法持续享有创新成果带来的垄断收益。因此需要政府通过法律手段制定并执行有效的专利保护制度，来维护创新企业在一定时期内对创新成果的独享权，从而激发企业的创新动力。

## 二、外部阻力：市场失灵与制度缺失

阻碍企业技术创新的外部因素包括：第一，要素市场价格扭曲。根据诱致性创新理论，与产品市场一样，要素市场的供求和价格变化也会对企业的技术创新活动产生影响。产品市场上的需求上升和价格上涨能够激发企业的技术创新积极性，要素市场上的需求和价格变化则可能引发企业创新资源的重新配置。如果要素价格出现扭曲即要素的实际价格与其最优价格发生偏离，则会导致要素市场的资源错配和效率损失（陈永伟和胡伟民，2011）。对于单个企业而言，意味着其创新资源配置偏离了自身的最优配置水平，从而会阻碍技术创新活动的有效开展。

第二，科技体制不完善。娄贺统（2007）指出，当今世界国家或地区之间的竞争，从根本上说是体制的竞争。谁的体制更能适应和推动本国技术创新和经济发展，便能够在未来国际竞争中立于不败之地。科技体制是一国科技活动的组织体系及管理制度的总称。一个完善的科技体制应当以企业为技术创新主体，让市场机制主导科技资源配置，具备科学有效的部门间协调机制和科技资源分配机制（王宏伟和李平，2015）。只有这样才能充分发挥政府在基础研究领域的强大支持作用，同时激发企业的研发积极性。否则就会阻碍企业技术创新活动的顺利展开。

第三，政策法规不健全。由于技术创新活动的高风险性和技术创新成果的溢出效应，适当的政府扶持政策和健全的知识产权法律是必不可少的。就政府政策而言，它的存在是为了弥补由市场失灵导致的技术创新产品供给不足。但由于政府行为本身也是由有限理性的个人去实施的，再加上政府和企业间存在普遍的信息不对称，导致政府失灵的情况比比皆是，从而不利于政府扶持政策的贯彻落实和企业技术创新积极性的激发；在法律法规方面，与技术创新活动关系最为密切的当属专利保护法，专利法的制定和实施效果都将对企业的技术创新动力产生直接影响。如果专利法的内容存在漏洞或执行力度低，便会成为企业技术创新的外部阻力。

## 三、内外双重动力机制构建

企业技术创新的动力来源具有两面性。当某一方面的动力不足或出现相反的作用力时，动力因素反而会转化为阻力因素。因此本书认为，如图 3-1 所示，一个完整的技术创新动力系统应由内部动力机制和外部动力机制两部分组成，其中内部动力包括企业内部科研成果的推动以及高利润、高市场势

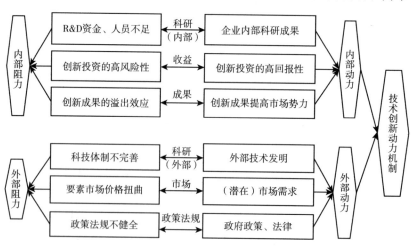

图 3-1　技术创新动力机制

　　资料来源：作者绘制。

力对企业的诱惑；外部动力包括外部技术发明、新的及潜在的市场需求以及政府政策、法律等层面的推动和配合。而每一种动力机制如果存在缺陷或实施不顺畅，便会转化为企业技术创新活动的阻力。因此，要想对企业技术创新活动实施有效的激励，必须通过内外部途径来触发企业的创新动力。同时尽力消除阻碍企业技术创新活动的内外部因素，提升企业的创新能力。

## 第二节　产权激励对企业技术创新的作用机制

在厘清企业技术创新的内外部动力来源之后，本书将在此基础上对各类激励企业技术创新的制度、法规、政策等进行全方位梳理，构建起囊括产权—市场—政府三个维度的企业技术创新激励系统。其中，产权激励是企业技术创新最基本、最直接的激励手段。与企业技术创新相关的产权激励措施主要包括股权激励和知识产权激励两大类。下面分别论述这两类产权激励措施对企业技术创新活动的作用机制。

### 一、股权激励对企业技术创新的作用机制

文献综述中已经提到，目前常见的股权激励机制既包括对企业经济层的股权激励，也包括对企业研发、技术人员等创新型人才的股权激励。如图3－3所示，股权激励的对象不同，使得股权激励对企业技术创新活动产生作用的机制和渠道也存在差异。

#### （一）股权激励能够降低企业经理层的道德风险

在现代公司制度下，企业股东与经理层之间是雇佣与被雇佣的劳务合同关系。在劳务合同存续期间，经理层负责公司的日常运营，公司业绩的好坏会对经理层的薪资收入和业内声誉产生直接影响；而劳务合同一旦解除，经理层与企业之间的利益关系也随即宣告结束。由此可见，理性的经理人只会关心企业的短期业绩，企业的长期利益与发展前景则几乎与经理层没有关系，因此经理层可能存在损害企业长期利益的道德风险。而技术创新活动恰恰是

一项投资期长、风险大、见效慢的投资项目。在不存在股权激励机制的情况下，技术创新对于经理层而言可谓吃力不讨好。预期收益较低，自然不会受到经理层的青睐，导致企业缺乏技术创新激励。如果对经理层实施股权激励，则会使经理层摇身一变成为公司股东。公司长远利益从此与他息息相关，技术创新可能为企业带来的高额回报对经理层而言变得更具诱惑力。也就是说经理层对技术创新的期望收益会提高。借用心理学家维克托·弗鲁姆（1964）的"期望理论"，目标对个人动机的激发力量大小取决于行动结果的价值评价（即"效价"）与其对应的期望值的乘积。因此创新激励 = 创新效价 × 创新期望值，那么当创新期望值提高时，创新激励也会随之提高。为此，需要通过股权激励机制来引导经理层的决策行为，降低其道德风险，从而提高企业的技术创新积极性。

### （二）股权激励有助于提高研发人员的工作积极性

对经理层的股权激励主要通过改变经理层对技术创新活动的预期收益来促进创新；而对研发人员的股权激励则主要通过提升这类创新要素的产出效率来促进创新。企业技术创新活动的要素投入主要包括研发资金和研发人员两大类。其中研发人员的创新效率与研发人员自身的工作积极性密切相关，具有较强的主观性和伸缩性；另外，研发人员所从事的创新活动具有较强的不确定性。他们的工作努力程度不一定与创新成果成正比，且很难通过监管措施予以督促。如果缺乏有效的激励与约束机制，则存在较大的"道德风险"隐患。对研发人员实施股权激励，使研发人员成为企业股东之一，有利于激发他们的主人翁意识和研发积极性，使他们自觉地追求企业技术创新利益最大化，从而提高研发人员这一重要创新要素的创新效率。

### 二、专利保护制度对企业技术创新的作用机制

专利保护制度出现以来，为世界各国的科技进步和经济发展都发挥了至关重要的作用。由于专利保护制度能够有效缓解企业创新成果的溢出效应，因而为企业开展技术创新活动免去了后顾之忧，但如果专利保护期过长却可能适得其反。

## （一）专利保护制度有助于降低企业创新成果的溢出效应

如前所述，创新成果的溢出效应会显著降低企业对技术创新活动的预期收益，因而成为阻碍企业开展技术创新活动的重要内部因素。专利保护制度的出台则是从法律层面对企业的技术创新成果进行了颇具权威性的保护，有效解决了创新成果溢出这一市场失灵问题。建立起一种权、责、利对等机制，尽量减少"搭便车"行为，从而为企业的技术创新活动扫除了一大障碍。当然，专利保护制度究竟能在多大程度上解决企业技术创新成果的溢出问题，还依赖于制度本身的完善程度以及制度执行过程中的实际效果。柳卸林（2014）认为，中国的专利制度"尚未成为保护创新的重要利器，这与我国相关制度不完善、企业知识产权意识仍较淡薄有关"。胡凯等（2012）研究发现，知识产权保护力度与研发物质资本之间存在显著的正相关关系。但目前我国绝大多数地区都存在知识产权保护不足的问题，进一步加强知识产权保护力度刻不容缓。

## （二）完善的专利交易体系能够加速创新成果的转化

从社会福利最大化的角度出发，对专利权的保护绝非产权保护制度的终点和最终目的，如何通过科学合理的知识产权制度安排实现创新成果的迅速转化和充分交流，才是产权保护制度的最高境界。专利成果交易意味着创新成果在企业之间的交换，对于出售专利成果的企业而言，该项专利成果可能并不符合该企业的目标市场或是在成果转化过程中遇到了困难，通过将专利成果转化给其他企业，该企业可以获得一笔收益，从而挽回了技术研发阶段的沉没成本；对于购买专利成果的企业而言，直接购买现成的创新成果能够避免研发过程中的种种风险，并缩短企业的新产品研发周期，同时购买行为本身意味着该企业存在对这项专利成果的需求，从而会尽快对专利成果进行商业化应用。由此可见，通过建立多层次、宽覆盖的知识产权交易市场体系，能够使企业之间在专利成果方面互通有无，优化创新成果配置，加速创新成果的顺利转化和商业化，为企业的技术创新活动提供持续动力和后续支撑。图3-2整理了产权激励对企业技术创新的作用机制。

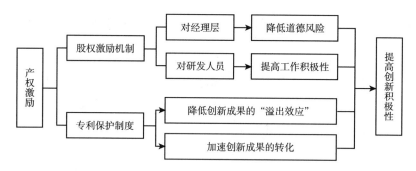

**图 3-2　产权激励对企业技术创新活动的作用机制**

资料来源：作者绘制。

## 第三节　市场激励对企业技术创新的作用机制

市场为所有企业提供了一个购买创新要素和出售创新产品的场所，并通过供求和价格的波动以及市场结构的变动影响微观企业的技术创新活动。

### 一、市场机制对企业技术创新的促进作用

完全竞争的市场机制像一只"看不见的手"，依靠市场调节主体之间的交易行为，实现产品和要素的自由流动和最优配置。对于企业的技术创新活动，市场机制同样发挥着根本性的调节作用。一个健全的市场机制本身就具有对技术创新进行自发组织的功能。企业为了获取更多的利润，会不断满足消费者更高层次的需求，从而自发产生创新的积极性。也正是基于此，布坎南（1991）将市场机制本身看作是一个"创造性过程"。

### （一）市场机制有助于缩短研发周期

为了弥补企业在大型基础性研究领域的不足以及避免多个企业同时研发造成的社会资源浪费，目前大多数国家的基础研究项目都由政府成立的专业科研机构来实施。但这种做法同样存在弊端：单个科研机构在某个研究项目上处于垄断地位，毫无竞争压力，很可能导致研发效率低下和创新资源浪费；

另外，一旦该科研项目以失败告终，便会使整个社会在该领域的创新进程大大推迟，进而影响后续应用性研究的开展。而市场机制下以企业为创新主体的研发项目则能够有效避免以上问题，原因在于：第一，虽然由不同的企业进行同一个研究项目表面上会造成资源浪费，但实际上却大大缩短了研发周期。通过几家企业各自的摸索和试错过程，有助于尽快找到创新的正确路径；第二，多家企业进行同一个创新项目，有利于形成竞争性的创新市场环境，更好地发挥市场机制优胜劣汰的作用，提高整个社会的创新效率。由此可见，以市场机制为主导、以企业为技术创新主体的研发体系更有助于缩短研发周期、提高技术创新效率。

### （二）价格信号能够优化创新资源配置

在完善的市场机制下，要素供求的变化能够及时反映在要素价格中，市场机制可以通过价格信号实现创新资源的优化配置。根据希克斯的"诱致性技术创新理论"，企业的技术创新活动往往倾向于节约那些价格变得相对昂贵的生产要素，从而缓解相对稀缺要素的供求矛盾。如果市场机制不健全，要素市场化程度低，则会导致价格信号失灵，从而使技术创新迷失方向。以我国的煤炭资源供给为例，为了支持工业发展，政府长期人为压低煤炭这一基础性资源的供给价格，使其严重低于煤炭的真实价格，导致煤炭行业长期亏损，缺少资金进行技术创新从而提高生产率水平，以煤炭为能源的企业却因煤炭价格低廉而缺乏节约煤炭的动力。长此以往，煤炭短缺问题日益加剧，煤炭行业发展陷入恶性循环（柳卸林，2014）。

### （三）市场需求信号能够确保创新成果的实用性和商业价值

根据"产品需求诱致技术创新理论"，在短期内供给不变的情况下，市场上某种产品的需求增加会引发该种产品的市场价格上涨，从而刺激追求利润最大化的企业对该种产品的生产工艺进行技术创新，以获得更大的产量和更丰厚的超额利润。由此可见，在健全的市场机制下，市场需求会通过产品价格的变化传导给相关企业，使企业的技术创新更具针对性和实用性，从而能够迅速实现创新成果的商业价值，激发企业不断投身创新活动。反之，如果市场机制不健全，或者企业并非技术创新的主体，则很可能导致创新成果不符合市场需求，从而无法成功转化为新产品投入市场，无法实现其商业价值，这将极大地打击企业的技术创新积极性。例如，一项对 1991 年中国大中型企业技术创新状况的研究显示，截至 1991 年，全国万元以上的研发项目中，"根据市场需求自选的仅占 52.2%，其余皆由上级主管部门指定"（柳卸林，1993）。在这种情况下，技术创新成了一种"惯例性活动"。在熊彼特看来，"一旦创新变成一种惯例性活动，创新便失去了作为经济增长发动机的作用"。

## 二、市场机制对企业技术创新的抑制作用

### （一）市场机制无法解决技术创新投资的高风险性问题

如前所述，技术创新活动天然具有风险性高、项目回收期长的属性，导致一些企业对技术创新望而却步，严重影响了企业的技术创新积极性。然而令人遗憾的是，市场机制本身并不能为企业技术创新活动提供一种风险分散机制。在等价交换原则的作用下，创新成功带来的丰厚利润由创新企业独享；而创新失败所导致的巨额亏损也必须由创新企业独自承受。这时便需要政府通过科研计划、创新基金、研发补助、税收减免等措施来弥补市场机制在这一问题上的失灵，为企业的技术创新行为提供奖励和支持。

### （二）市场机制无法规避技术创新成果的溢出效应

从西方经济学的角度分析，创新成果的溢出效应是一种正的外部性。它使得创新成果拥有者（即创新企业）从技术创新活动中获得的私人收益小于社会收益，社会收益与私人收益之差则是由一部分并未付出成本的企业无偿享受。这不仅违背市场机制的等价交换原则，还会打击创新企业的研发积极性，容易引发创新产品供给不足，这便是由外部性引发的市场失灵。按照新制度经济学关于外部性的解决办法，创新企业可以与其他受益企业通过协商来确定外溢性创新成果的价格。但在现实中，受益企业具有隐蔽性。在仿制品投向市场之前，创新企业很难确定究竟哪些企业是受益企业，而且受益企业往往有很多家，这会导致较高的协商成本和"搭便车"风险。由此可见通过自主协商来弥补创新成果溢出效应损失的做法并不具有可行性。总之，由于外部性导致的市场失灵，市场机制本身无法规避技术创新成果的溢出效应，从而对企业的技术创新积极性造成不利影响。

## 三、市场结构与企业技术创新的关系

什么样的市场结构最有利于激发企业的技术创新行为，这一话题由来已久且一直众说纷纭。竞争性市场结构和垄断性市场结构对企业技术创新的影响各有利弊，前者能够增加企业的创新压力，后者则更具创新实力。它们对企业创新行为的影响还会因行业类型及发展阶段的不同而有差异。

### （一）竞争性市场结构能够增加企业的创新压力

竞争性的市场结构通常由许多家实力相当的中小企业构成。在这种市场结构中，技术创新更加成为企业之间竞争的制胜砝码。谁先在技术创新过程中脱颖而出，谁就有可能迅速提升自身的市场竞争力，扩大市场份额和市场势力；至于那些不进行技术创新的企业，则很可能在激烈的市场竞争中被成功者兼并收购，或破产退出。由此可见，处于竞争性市场结构中的企业将面临更大的竞争压力，从而更加希望通过技术创新来化压力为动力。但另一方面，如果没有政策扶持，中小企业可能无法独立开展费用高昂的研发活动，导致企业的创新积极性受到抑制。

### （二）垄断性市场结构下的企业更具创新实力

垄断性市场结构通常由若干家规模较大的企业组成。这些企业往往"财大气粗"，企业内部拥有独立运转的研发机构和丰富的资金、人才等创新资源，为技术创新活动的开展提供了必要的物质基础。由此可见，垄断性市场结构中的企业往往更具创新实力。但这并不意味着垄断性市场结构更有利于激发企业的技术创新活动，因为处于垄断性市场结构中的大企业与处于竞争性市场结构中的小企业相比，通常面临较小的竞争压力。尤其是在技术壁垒较高的行业中，潜在企业的进入变得十分困难，在位企业凭借现有技术进行生产便可高枕无忧。因此卡米恩和施瓦茨（Kamien and Schwartz，1982）认为，介于竞争性市场结构和垄断性市场结构之间垄断竞争性市场结构最有利于技术创新。

本书认为，无论是完全竞争还是完全垄断型的市场结构都将无益于激发企业的技术创新积极性。只有在建立健全市场机制的基础上，保持适度的竞争性，才能同时发挥两种市场结构的积极效应，最大限度地激发企业的创新积极性。至于这个"度"该如何把握，则要坚持因地制宜、因行业而异的原则。总之，市场激励与产权激励一样，是一种实施费用低且效率高的激励机制。但市场激励在技术创新投资的高风险性和技术创新成果的溢出效应等方面却无能为力，因而需要政府激励在这些领域对企业的技术创新活动给予支持。图3－3归纳了市场激励对企业技术创新活动的作用机制。

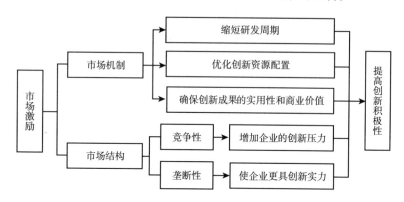

**图3－3　市场激励对企业技术创新活动的作用机制**

资料来源：作者绘制。

## 第四节　政府激励对企业技术创新的作用机制

政府激励是指政府通过财政补贴、税收减免、贷款优惠、政府采购、研发奖励等措施对企业的技术创新活动进行激励。它是对产权激励和市场激励的一种补充。在产权激励和市场激励无法触及的部分，需要政府通过激励措施进行弥补。

### 一、政府激励的"信号传递功能"有助于为企业募集外部资金

由于企业技术创新活动所具有的高不确定性导致企业自身和外部投资者之间存在严重的信息不对称，因而需要有中介组织发挥信号传递的功能来降低这种信息不对称（布莱立等，1977）。李汇东等（2013）、杨洋等（2015）运用信号理论，从信号传递的角度解读了政府补助对企业技术创新的激励作

用。他们认为，政府对特定的企业进行财政补贴，正是在企业和外部投资者之间扮演了信号传递者的角色（费尔德曼和凯利，2006；克勒尔，2010），说明该企业的技术创新项目具备市场竞争力（孙铮等，2005）或该企业与政府拥有良好的关系（张敏等，2010），从而有助于企业获取更多的银行贷款等外部资源用于技术创新活动。本书认为，政府补贴对企业和外部投资者之间的这种信号传递功能可以推广到所有的政府激励手段上。无论是财政补贴，还是税收减免、政府采购、贷款优惠、风险投资政策以及中小企业扶持政策，都传递出政府对某些特定企业的看好和关切，从而为银行及私人投资者传递出利好投资的信号，为企业募集更多的外部资金用来从事技术创新活动。

## 二、财政补贴能够缓解企业研发资金不足问题

由于技术创新投资的高风险性和技术创新成果的溢出效应，政府有必要通过财政补贴方式来弥补技术创新活动中存在的市场失灵。政府补贴对企业技术创新活动的影响主要有两个方面：第一，技术创新活动的资金投入高、项目回收期长。政府补贴作为一笔较为丰厚的资金收入，能够有效缓解企业研发资金不足问题，提高企业的技术创新能力；第二，政府的 R&D 补贴通常是依托于具体的科研计划或研究项目，以招投标的方式选择补贴对象。企业只有具备相应的研发资质并从事指定的研发任务，才能最终获得研发补助。如此一来，这一机制在确保政府科研计划顺利落地的同时，还能激励企业完善内部研发资源和配套设施，提升自身的研发能力。

由于政府补贴作用直接且便于操作，因此得到各国政府的广泛实施。但这一措施也存在不足之处，比如一些学者认为，政府补贴会对企业内部 R&D 投入产生"挤出效应"，导致企业用于技术创新的资金总额并无显著增加；另外，补贴对象的筛选以及补贴资金的监管落实也是一门学问。只有对每一环节进行科学规划和认真落实，才能真正发挥财政补贴对企业技术创新活动的激励作用。

## 三、政府采购从产品需求端激励企业技术创新

新产品在刚刚问世时，通常会面临需求不足的问题。此时新产品能否迅

速打开市场从而使创新企业迅速回笼资金，成为企业生存和继续创新的关键。而政府采购最重要的作用就在于，它可以为创新企业的新产品提供一个稳定的、可以做出清晰预期的市场，从需求端为企业的技术创新决策提供激励，并降低企业开发新产品的风险。罗斯威尔和泽格维尔德（Rothwell and Zegveld，1985）指出，"政府影响创新的最重要方式就是通过自己的需求，即通过对私营部门创新产品的公共采购"来激励企业的创新活动。宋河发和张思重（2014）认为，创新的高风险和高成本性是企业在创新过程中面临的最大障碍。而政府采购对企业创新的最重要作用便是能够通过公共部门用户的技术能力和订单价值来降低供应商的创新风险，从而激发其创新意愿。政府采购的另一个重要作用是它可以通过选择采购对象来对企业的技术创新领域施加影响，引导企业投资于政府所鼓励的创新项目，从而有助于政府产业政策的贯彻落实。尤其是在环保、国防等公共事业领域，政府采购制度对企业技术创新行为起着决定性的激励导向作用。拉坦（Ruttan，2006）指出，如果没有政府采购，20世纪美国国防、军事等领域的大多数技术突破就难以实现。

## 四、税收优惠能够提高企业技术创新的预期收益

税收优惠与财政补贴同属于政府激励企业创新的财政政策。从财政学的角度来讲，财政补贴属于财政支出政策，税收优惠则属于财政收入政策。它们都是通过国民收入的再分配来对企业技术创新实施激励。与政府补贴这样一种带有浓厚行政命令色彩的直接补贴方式相比，税收优惠属于间接补贴，它比政府补贴更加灵活。而且它在行业及企业所有制的选择上也是中性的（恰尔尼茨基，2011），具有公平、非歧视的特点。具体而言，税收优惠可以从以下几类途径来提高企业技术创新活动的预期收益：第一，政府可以对研发相关的要素实施税收优惠，从而降低要素价格，最终起到降低企业研发成本、提高创新成果预期收益的作用；第二，政府可以对企业的新产品收入采取减税或免税待遇，从而提高企业创新成果的预期收益，激励企业从事技术创新活动；第三，政府可以对企业的新产品出口实施出口退税政策，从而在激励企业积极研发新产品的同时，提升本国高技术及高技术产品的国际知名度和竞争力。以往国内外学者的许多实证研究均证实了税收优惠对企业R&D投入的激励作用。博格（Berger，1993）研究发现，美国的税收抵免政策使

得企业的 R&D 强度提高了 2.9%；洛克申和莫宁（Lokshin and Mohnen，2012）对荷兰企业的研究得出了相似的结论；李丽青（2007）对中国 103 家企业的问卷调查研究同样证实了税收优惠的创新激励作用。但从激励效果来看，中国税收优惠对企业 R&D 投入的激励作用显著低于发达国家的平均水平。

## 五、信贷政策有助于节约企业创新成本

除了财政政策之外，政府还可以通过金融支持政策来激励企业的技术创新活动。常见的金融支持政策有两类，分别是信贷政策和风险投资政策。其中信贷政策主要是指政府通过专项贷款基金、贷款利息优惠等方式来帮助企业筹集更多的研发资金。企业技术创新活动的资金来源主要包括企业自有资金、政府补助、银行贷款以及其他资金。其中企业自有资金包括企业固定资产和营业利润两部分。出于日常运营和资金安全考虑，企业利润不可能全部用于技术创新活动，因而单靠企业自有资金往往很难支撑起耗资巨大的技术创新活动；政府补贴具有较强的计划经济属性。过多的政府补贴会剥夺企业在技术创新中的主体地位，因而政府补贴只能作为企业自筹资金的补充方式。

因此，在以企业为主体的技术创新体系下，由企业自有资金和银行贷款构成的企业自筹资金应当成为企业技术创新的主要资金来源。而在企业自有资金有限的情况下，银行贷款对企业技术创新活动的支撑作用举足轻重。解维敏和方红星（2011）研究发现，外部融资资源和地区金融发展水平是影响企业尤其是小规模企业和私营企业 R&D 投入的关键因素。但从经济现实来看，企业技术创新的高风险性往往导致银行等金融机构顾虑重重。如果没有政府担保或专项贷款优惠措施，银行很难自愿为企业尤其是中小企业的技术创新项目提供资金支持。由此可见，政府针对企业技术创新活动的信贷政策有其必要性。对企业而言，优惠的信贷政策不仅解决了企业创新资金不足的问题，还为企业节约了融资成本，从而为企业技术创新行为提供了有效激励。

## 六、风险投资政策有助于企业科研成果的顺利转化

与信贷政策相比，风险投资政策是一类新兴的金融支持政策。它是指政府通过扶持风险投资公司的发展，间接地为企业技术创新提供金融支持。作

为一种中长期的股权投资，风险资本最关心的不是项目的短期盈利性或安全性，而是其成长性和长期利润率。这一特征正好与追求资金安全性的银行贷款形成互补，同时又与企业创新项目的一般特征不谋而合。因此，如图 3 - 4 所示，结合技术创新的阶段性特征和我国的实际情况，在基础研发阶段，企业可以寻求政府补贴、专项科研基金或天使投资机构的资助；进入科研成果转化阶段后，资金需求量加大，市场前景仍不明朗，创新的不确定性仍然存在，因而银行贷款等传统融资方式并不愿意涉足。这时便需要风险资本来弥补资金缺口，与企业共担创新风险。当然若创新成果最终获得成功，这其中也蕴藏着巨大的利润率；当科研成果顺利转化成现实生产力并实现规模化生产之后，新产品逐渐拥有一定的市场份额和稳定收益，风险资本最终完成了自己的使命并适时退出，而此时企业的生产经营状况已经能够获得银行贷款的青睐。由此可见，风险投资在企业技术创新的中间环节——科研成果转化阶段发挥着重要作用。图 3 - 5 归纳了各类政府激励方式对企业技术创新的作用机制。

**图 3 - 4　企业技术创新各阶段的资金来源变化**

资料来源：作者绘制。

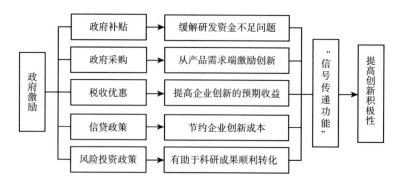

**图 3 - 5　政府激励对企业技术创新活动的作用机制**

资料来源：作者绘制。

# 第五节  三维创新激励模型的内部结构

产权激励、市场激励和政府激励这三类创新激励方式构成了一个三维技术创新激励系统。在这个系统内部，三类激励方式各自发挥不同作用，与此同时任意两类激励方式之间还存在着双向互动关系，从而构成一个逻辑严密的创新激励系统，共同促进企业技术创新能力的提升。

## 一、三类创新激励方式的互动关系

在这个创新激励系统中，各种不同的创新激励方式分别扮演不同的角色，各自对激发企业的技术创新积极性发挥着不可替代的功能。其中，产权激励为企业技术创新活动提供了制度保障，股权激励制度能够保障企业经理层和研发人员可获得研发创新所带来的部分收益；专利保护制度则是为企业之间的研发成果转让以及专利成果保密提供了法律依据和制度保障。市场激励是市场机制在技术创新领域发挥作用的综合体现，企业可以利用价格信号的资源配置功能和需求信号的成果转化功能来提升创新收益。但与此同时，市场失灵的存在也意味着创新活动的高风险性、溢出效应等问题无法通过市场激励方式加以解决。政府激励的出现最初是为了弥补市场激励的失灵问题。虽然产权激励能够在一定程度上解决研发成果的溢出效应，但技术创新的高风险性依旧会让很多企业尤其是中小企业望而却步。政府激励则可以通过对企业进行研发补贴、减免税收、提供低息贷款等方式缓解企业的研发资金压力，在一定程度上降低研发活动的高风险性。

与此同时，产权—市场—政府三类创新激励方式之间还存在相辅相成的关系。首先，产权激励作为一种制度层面的激励方式，关系到企业的研发成果能否顺利转化为创新收益。它为市场激励和政府激励措施提供了必不可少的制度环境。无论是市场机制的资源配置、成果转化功能的发挥，还是政府补助、税收减免、信贷优惠等各类政府激励措施的落实，都需要以完善的专利保护制度作为制度前提。因为假如企业的研发创新成果无法据为已有，企业将失去开展技术创新活动的原动力，其他各类创新激励方式的有效性都将无从谈起。

其次，通过市场机制和市场结构特征来影响企业技术创新积极性的市场激励方式不仅为产权激励提供了知识产权交易市场，还为政府激励提供了既定的市场环境，从而影响到这两类激励方式的实施效果。其中知识产权交易市场的完善程度和多样性直接关系到企业研发成果的转化效率。市场机制越健全、类型越丰富，越有助于研发成果的顺利转化。市场机制越健全，各种政府激励措施的"信号传递功能"就越有效，从而为企业募集更多的外部资金；而市场结构的垄断程度则会导致政府激励的有效性在不同所有制以及不同规模的企业之间出现差异。当垄断性较高时，非国有企业、中小企业等弱势群体所获得的政府激励强度可能越低。

最后，政府激励的存在一方面可以弥补市场激励的失灵空间，在一定程度上缓解企业所面临的创新成本压力；另一方面还为产权激励提供了政策助力。企业经理层及研发人员在内部股权激励和外部政策红利的"内外部"双重助力下，将拥有更大的技术创新积极性。在专利保护制度保障创新产出内部化的同时，政府激励又从投入端减轻了企业的风险和压力，从而对企业的技术创新活动产生"前后端"双重助力。图 3-6 梳理了三维创新激励系统各部分的双向互动关系。

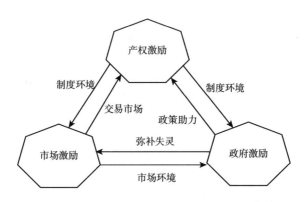

**图 3-6　三维技术创新激励系统**

资料来源：作者绘制。

## 二、三维技术创新激励系统的约束机制

前文中所构建的基于产权、市场和政府三方的技术创新激励系统，意在

强调股权激励、专利保护、市场机制、市场结构、政府补助等因素对企业技术创新活动的激励作用。然而，激励的对立面——"约束"始终是与激励相伴而生的。任何一种激励方式作用不当，都有可能转变为掣肘企业技术创新活动的约束因素。

首先，市场激励对企业创新活动的约束性是最显而易见的。一方面，市场机制从来都不是万能的，既市场无法解决技术创新投资的高风险性问题，也无法规避技术创新成果的溢出效应。另一方面，适度竞争的市场结构往往只是一种理想状态。在现实经济运行中，垄断因素一旦产生，便会借助其强大的市场势力而肆意生长，最终对企业的技术创新积极性造成不利影响。由此可见，政府应当对垄断行业的日常经营活动给予更多关注和规范，维护公平竞争的市场秩序，充分调动企业的创新积极性。

其次，产权制度不完善也会对企业的创新活动造成约束。比如，专利保护期过长无论是对被保护企业还是其他同类企业的技术创新活动而言，都将产生不利影响。一方面，对被保护企业而言，过长的专利使用寿命意味着该企业在较长时期内都拥有某项创新成果的独家使用权，进而在新产品销售方面享有高额垄断利润和较大的市场势力，很难有其他企业能够对其构成竞争威胁。长此以往必将导致被保护企业缺乏竞争意识和创新精神，不利于被保护企业在技术创新方取得新突破；另一方面，对其他同类企业而言，在漫长的专利保护期内，创新成果的传播处于停滞状态。这些企业无法通过模仿创新来提升技术水平。而落后的技术水平又使得这些企业在产品市场上销售不佳、利润低下，从而无力支撑耗资巨大的技术创新活动。总之，专利保护期过长将对被保护企业以及其他同类企业的技术创新活力造成约束。只有建立起强度适宜、体系完善的专利保护制度，才能为企业的技术创新活动保驾护航。

最后，政府激励措施的差别性待遇同样会对企业创新活动形成约束。以政府补助为例，由政府补助的"信号传递功能"可知，政府补助是外部投资者进行投资决策的重要参考。那些已经获得政府研发补助的企业，将更容易得到外部投资者的青睐。这对被补助企业而言自然是锦上添花，但对于未受到政府资金支持的企业而言无疑是雪上加霜。由此可见，"信号传递功能"对政府补助的差别性待遇具有放大作用，这将严重打击未受补企业的研发积极性。

综上所述，无论是市场激励、产权激励还是政府激励，都潜藏着对企业技术创新活动的约束因素。在实际运用过程中，只有全面把握每一种激励方式的运行机制和作用效果，才能充分发挥技术创新激励系统的正向激励功能，促进企业自主创新能力的提升。

# 第四章

# 传统要素市场对企业技术
# 创新的作用机制分析

劳动和资本作为最重要的两类传统要素，其市场化程度对于企业生产及研发活动具有深刻影响。本章首先分析中国传统要素市场现状，进而分析劳动和资本价格被低估如何通过影响创新激励系统的有效性来影响企业的技术创新行为和绩效，以及这种影响的异质性特征。

## 第一节　中国传统要素市场现状分析

传统要素市场会通过影响创新激励系统最终作用于企业技术创新活动，但其对中国企业技术创新活动的影响究竟是正向还是负向还取决于中国传统要素市场扭曲的类型。基于此，本节将对中国资本和劳动力的价格扭曲现状分别进行分析，并提出相应的研究假设，从而在此基础之上探讨其对企业技术创新的真实影响。

### 一、资本市场现状

#### （一）"金融抑制"战略导致资本价格被低估

为了扶持企业发展，实现经济赶超，我国资本市场在改革开放初期曾实施"金融抑制"战略。卢峰和姚洋（2004）认为，中国的金融体系具有显著的抑制特征，利率是由中央银行制定的，且远远低于市场的实际利率水平。

陈斌开和林毅夫（2012）认为，为了支持违背本国比较优势的资本密集型产业的发展，政府通过"金融抑制"的方式来降低其生产成本，而存贷款利率限制正是"金融抑制"的主要形式。加诺特（Garnaut，2001）、卢峰和姚洋（2004）的实证研究进一步指出，中国官方利率至少比市场利率平均低50%～100%。由此可见，在改革开放初期，政府曾实施"金融抑制"战略导致资本的实际价格严重低于其真实价格，从而引发资本价格被长期低估。

（二）金融机构的规模及所有制歧视导致资本价格被低估程度在行业、企业规模及所有制层面存在差异

银行对中小企业的贷款歧视是市场机制自然选择的结果。由于中小企业规模小、业务单一、抗风险能力差的天然属性，即使是在市场机制健全的完全竞争市场上依然不会受到银行的青睐，更何况是在市场机制不健全、信息严重不对称的中国资本市场。银行更加依赖于企业规模、官方背景等"显性资质"来选择贷款对象。林在进（2013）发现，银行业对中小企业的贷款利率往往高出官方利率10%～50%。贷款成本上的差异直接导致不同规模企业之间在资本价格市场化程度上存在差异。

银行对不同所有制企业在贷款额度、贷款利率等方面的歧视性待遇导致资本价格市场化程度存在所有制差异。由于国有企业有政府信用做担保，因此即使是以更低的利率，银行也更愿意将贷款提供给国有企业。卢峰和姚洋（2004）指出，长期以来，以四大国有银行为核心的垄断型金融体系，导致银行存在严重的信贷歧视。这种歧视不仅包括企业规模方面的歧视，还包括企业所有制方面的歧视。即银行普遍倾向于向国有企业提供信贷，同时压抑对私营企业的信贷；根据史晋川和赵自芳（2007）的测算，非国有经济的资本要素使用成本比国有企业高出约15～20个百分点。另外，由于规模较大的国有企业往往出现在电力、电信、烟草等垄断性行业中，因此，资本价格市场化程度还呈现鲜明的行业特征。总之，金融机构对不同规模或不同所有制企业的差别待遇，导致不同行业、不同规模及不同所有制的企业之间存在资本价格市场化程度上的差异性。

（三）地区经济发展不均衡导致不同地区间资本价格市场化程度的差异

根据要素均衡价格理论，市场机制越健全、竞争越充分的地区，其资本

市场的价格形成机制自然也越成熟，从而其资本价格市场化程度应当越低。中国作为一个发展中的大国，地区间发展不平衡的问题十分突出。东、中西部地区在经济发展水平、市场经济活力、竞争秩序、要素成本等方面都存在显著差异。与中西部相比，改革开放后东部地区率先开启对外开放步伐。时至今日，东部地区的市场经济发展水平明显领先于中西部地区。据此推断，东部地区资本市场的价格市场化程度也应低于中西部地区，从而形成不同区域间在资本价格市场化程度上的差异性。

在资本市场的实际运行过程中，决定资本价格的因素错综复杂，资本的市场价格往往在资本供求双方的共同作用下持续波动。从资本供给方来看，资本先天具有逐利的本性。哪里有更多的潜在利润，资本便会主动向哪里聚集，这是国际资本市场亘古不变的规律。对一个国家内部的不同地区而言亦是如此。对于中国各地区而言，东部地区的经济活力和发展机遇明显大于中西部地区，因而对资本更具吸引力。资本供给状况应优于中西部地区，从而刺激其资本价格低于中西部地区；从资本需求方来看，资金使用者——企业的生产率是资本边际产出水平的关键决定因素。根据以往学者的相关研究，中国东部地区的企业通常比中西部地区的企业拥有更高的生产率（王争和史晋川，2008）。据此推断，东部地区企业的资本边际产出水平很可能高于中西部地区。总之，根据以上对资本供给方和资本需求方两个方向的分析，东部地区与中西部地区相比拥有更低的资本价格和更高的资本边际产出。这两种力量综合作用的结果很可能导致东部地区企业资本实际价格与其边际产出的差距大于中西部地区企业，从而导致其资本价格的被低估程度高于中西部企业。

## （四）寻租行为加剧了资本价格市场化程度及其个体差异性

麦克金农（Mc Kinnon，1973）在论述发展中国家"金融抑制"战略的过程中指出，发展中国家政府不得不采用"配给制"来应对由"金融抑制"战略引发的资本供不应求，从而导致企业为获得资金配额而开展寻租行为。在当今中国，经济快速发展、人民币被低估、对外开放水平不断提高等因素使得国内资本市场上资金充足，资本供不应求的局面已不复存在。但由资本供给引发的寻租行为却是有增无减。在现实中，垄断型企业、国有企业和大企业的能力通常高于竞争型企业、非国有企业以及中小企业，从而引发行业层面、企业所有制及企业规模层面的资本价格市场化程度差异。

寻租行为对企业内部的资本价格扭曲程度同样会产生影响。以往的经济学研究仅关注外部资本市场对企业资本配置的影响，而忽视了企业内部资本配置的效率问题。阿尔钦（Alchian，1969）、威廉姆斯（Williamson，1975）等首次将视角转移到企业内部，提出除了外部资本市场在企业之间配置资本之外，企业内部也存在着一个资本市场。沙尔夫斯坦与斯坦因（Scharfstein and Stein，1997）通过构造一个两层委托代理模型将公司治理结构和公司融资活动内在地结合起来，并引入企业经理层可能采取的寻租活动。邹薇和钱雪松（2005）运用该模型对中国企业的内部资本配置问题进行了研究，发现中国外部资本市场运作的不规范不仅扭曲了企业层面的资本配置，还通过加剧企业经理层的寻租行为加剧了企业内部资本配置的扭曲程度。因此只有改变我国外部资本市场融资成本低廉的现状，同时完善企业治理结构，才能提升企业的资本配置效率。

## 二、劳动市场现状

### （一）改革开放后劳动生产率的快速提升导致工资增长赶不上生产率增长

劳动力价格市场化程度等于劳动力实际价格（即工资水平）与劳动力边际产出的比值。因此劳动力价格被低估有两个来源：一是工资水平下降；二是劳动力边际产出升高。显而易见，改革开放后，中国劳动力的工资水平整体呈现逐年递增的趋势。但这并不意味着劳动力价格不存在被低估，因为这一时期我国的劳动生产率水平经历了更加突飞猛进的提升。改革开放后，我国劳动生产率水平的快速提升主要得益于以下几点原因：第一，劳动力从农业向非农业部门的大量转移显著改善了劳动力资源配置效率。蔡昉（2012）指出，20 世纪 80 年代初以来，中国劳动力从农业向非农业部门转移对 GDP 增长的年均贡献率为 8.2%，占全要素生产率的 34.3%。第二，教育质量的不断改善提高了劳动者的技能水平。张海峰等（2010）研究发现，以师生比率衡量的教育质量对中国的地区劳动生产率水平存在显著正效应。师生比率每上升一个标准差，能够使地区劳动生产率提高约3.09%。第三，市场竞争程度的提升有助于行业内部的生产要素向生产率更高的企业集中。蔡昉（2012）认为，随着市场机制的日益成熟，农业比重不断下降，城乡之间劳动力的转移对劳动生产率的提升作用不断减小，市场竞争导致的企业间优胜劣汰成为劳动生产率提升的重要引擎。福斯特（Foster，2001；2005）的相关研究表明，美国制造业内部企业的进入退出行为产生的资源重新配置对生产率提升的贡献高达33%～50%。总之，在劳动生产率快速提升的同时，中国工资水平的增速在绝大多数年份都赶不上劳动生产率增速（罗知和赵奇伟，2013），从而导致劳动力价格被低估。

## （二）劳动力市场上劳动者的弱势地位

改革开放后经济领域的市场化改革使劳动者的地位和劳资关系发生了巨大改变。从计划经济时期"劳资双方利益一致、相互合作的劳动关系"转变为市场经济环境中"劳资双方利益对立、既冲突又合作的劳动关系"（姚先国和赖普清，2004）。这一转变引发了诸如劳资双方谈判地位不平等、劳动者工作不稳定、劳动合同不完全等与西方市场经济国家相似的劳资问题（希尔，2000）。对于当今中国劳动者的地位问题，国内学术界和社会舆论皆认为劳动者在劳动关系中处于弱势地位（赖普清和姚先国，2011）。

姚先国（2006）指出，劳动者地位的决定因素有两个：一是劳动者所拥有的人力资本；二是对人力资本的产权界定及保护力度（又叫"劳动力产权强度"[①]）。那么，在人力资本既定的前提下，劳动者的地位高低取决于劳动力产权强度（赖普清和姚先国，2011）。为了提高劳动力产权强度，改变劳动者的弱势地位，中国政府于1994年颁布首部《中华人民共和国劳动法》和2007年颁布《中华人民共和国劳动合同法》，从法律层面保障了劳动者的实体权利。然而任何实体权利的实现都需要相配套的程序，否则实体权利将成为一纸空文。虽然首部劳动程序法《中华人民共和国劳动争议调解仲裁

---

[①] 根据赖普清和姚先国（2011）的描述，劳动者应当拥有的产权包括劳动力的使用权、收益权、自由让渡权等一系列权利束，"劳动力产权强度"是指劳动力产权拥有的程度及实施可能性的程度。这里是模仿周其仁在《关于农民收入的一组文章》中的"产权强度"概念，他在评价《农村土地承包法》时指出，新土地承包法的主要特点是显著提高了农民土地承包权的强度。

法》已于 2008 年颁布实施，但我国劳动立法中的问题仍未彻底解决，劳动者地位的改善工作可谓任重而道远。总之，长期以来，广大劳动者在劳动力市场上的弱势地位导致我国劳动者的工资谈判能力低、工资水平增长缓慢，从而加剧了劳动力价格的被低估程度。

### （三）劳动力市场分割引发劳动力价格市场化程度在城乡、地区、行业层面的差异性

我国的劳动力市场分割主要表现为城乡之间、地区之间以及行业之间的劳动力流动限制。尤其是对中国这种城乡二元经济特征明显的发展中国家而言，城乡之间的劳动力市场"二元分割"现象严重。乔明睿等（2009）研究表明，目前中国劳动力市场仍然存在二元分割问题。户籍是限制农村劳动者进入主要劳动力市场的重要原因。拥有城镇户口的劳动者几乎垄断了主要劳动力市场，并在次要劳动力市场上同样占据优势地位。这种由户籍制度引发的城乡劳动力市场分割导致农村劳动者即使能够冲破地域障碍，以农民工的身份在城市里谋生，仍旧无法摆脱在劳动力市场上的弱势地位，在工资水平和社会福利方面都无法与城镇户籍劳动者同日而语。

对于城镇劳动者而言，则存在地区之间的劳动力市场分割。戴魁早和刘友金（2015b）认为，中国各级地方政府为保护当地利益而对本地企业和外地企业实施差别待遇以及割裂与其他地区经济联系的行为，导致要素市场存在较为严重的市场分割。德穆尔格等（Démurger et al.，2008）研究发现，由于部门之间、地区之间改革进展的不同步、不均衡，中国城镇劳动力市场内部存在着各种"刚性"。直到 20 世纪 90 年代中期，城镇劳动力在地区之间的流动仍受到诸多限制。之后城镇劳动力市场虽不断改进，但进展速度相当缓慢。这种"分割效应"导致不同地区间城镇劳动者收入差距不断扩大。主要表现为沿海地区和直辖市与其他地区之间城镇职工工资差距受劳动力市场分割影响而出现了明显扩大的趋势。可见我国地区之间的劳动力市场分割是工资水平在宏观层面上存在地区差异的重要原因。

垄断行业与一般行业之间也存在着劳动力市场分割。晋利珍（2009）分别对中国各行业的人力资本水平和平均工资水平进行排序，发现人力资本水平并不能解释行业间工资差异的全部，可见我国确实存在劳动力市场的行业分割。这说明某些工资较高的行业在劳动者进入方面存在"非经济壁垒"。

金玉国（2005）、李晓宁和邱长溶（2007）等发现，这些行业绝大多数为垄断行业，垄断收益是它们高工资的源泉。总之，城乡之间、地区之间以及行业之间的劳动力市场分割导致城镇户口劳动者与农村户口劳动者之间、不同地区以及不同行业的劳动者之间存在显著的工资差异，从而引发宏观层面的劳动力价格被低估程度差异。

### （四）劳动力歧视引发企业所有制及企业规模层面的劳动力价格被低估程度差异

劳动力歧视具有显著的所有制和规模特征。私营企业或中小企业中的劳动力往往比国企或大企业中的劳动力更易遭受歧视待遇，从而面临更为严重的劳动力价格被低估。主要原因有两个：第一，中小规模的私营企业中雇主的管理才能和法律意识比较低，对劳动法规都存在不同程度的漠视，克扣劳动者工资、侵害劳动者合法权益的案例时有发生；第二，私营企业或中小企业的雇员通常以农民工或学历较低者为主，法律知识较为缺乏，维权意识淡薄，不懂得通过法律渠道维护自身合法权益。图 4-1 整理了资本和劳动力市场化的现状及其形成原因。

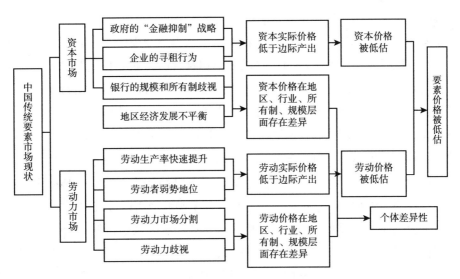

**图 4-1 中国传统要素市场现状**

资料来源：作者绘制。

# 第二节 传统要素市场对产权激励的作用机制

产权激励是企业技术创新激励系统中最基本的一种激励方式，它主要通过股权激励机制和产权保护制度对企业的技术创新活动提供激励。在传统要素市场存在要素价格被低估问题时，产权激励对企业创新活动的有效性会受到影响。

## 一、对企业经理层的"寻租效应"

关于产权激励作用机制的相关分析中已经指出，对企业经理层实施股权激励机制有助于激励经理层积极开展对企业长远发展具有重要作用的技术创新活动。然而当要素价格被低估时，企业经理层面临的激励机制便发生了微妙变化。因为根据寻租理论，"租"的经济学含义是指一种要素的实际收入超过其机会成本的余额部分（克鲁格，1974）。而要素价格被低估意味着要素的真实价值高于其市场价格，恰恰为生产者提供了寻租空间。要素价格被低估越严重，寻租空间就越大。林毅夫（2002）就曾指出，当发展中国家的政府选择优先发展与该国资源禀赋所决定的比较优势不相符合的产业或技术结构时，为了扶持缺乏自生能力的企业生存发展，政府必将压低要素价格并用行政手段配置生产要素。这将导致市场的作用受到抑制，从而引发寻租行为盛行。

在现实中，经理层股权激励机制的有效性面临"内部寻租效应"和"外部寻租效应"的双重侵蚀。一方面，股权激励机制的有效性依赖于公司的内外部制度环境。在目前中国资本市场和公司治理结构均不完善的情况下，对企业经理层的激励方案很可能无法真正发挥激励经理层进行技术创新的作用，反而沦为经理层的寻租工具（程仲鸣，2010）。股权激励机制下公司经理层的"内部寻租"行为主要通过以下两类途径实现：第一，经理层可以通过影响公司董事会的激励方案决策，从而设计出对自己有利的股权激励方案；第二，经理层作为内部人，可利用信息优势在激励公告前后进行盈余管理，以实现股权激励收益最大化（肖淑芳等，2009）。

另一方面，被低估的"外部寻租"空间的存在，将激励经理层通过开展外部寻租活动来获取廉价的生产要素供应，从而降低股权激励对技术创新活动的促进作用。康诺利和赫希（Connolly and Hirsch，1986）、墨菲和维什尼（Murphy and Vishny，1993）等学者的研究就证实，在那些存在较大寻租空间的经济体中，企业在面临是通过增加 R&D 投入来提升企业竞争力，还是通过增加寻租活动来谋求超额利润的投资决策时，通常会选择后者。

## 二、对企业研发人员的"替代效应"

要素价格被低估会引发企业在传统生产要素和研发要素之间的相互替代。当要素价格存在价格被低估此时资本和非技能劳动力等传统的生产要素变得相对廉价。再加上传统的生产方式对企业而言不存在任何风险和不确定性，从而导致企业增加对原有生产设备和生产工艺的依赖，密集使用资本和非技能劳动力来进行粗放式生产。如此一来，研发人员等技能型劳动力的价格相对而言变得更加高昂。企业自然会减少对研发人员的重用和激励，导致股权激励对研发人员积极性的影响效果被削弱，进而影响企业技术创新活动的效率水平，并最终引发企业未来创新活动积极性的下降。相反，当要素价格被高估时，非技能劳动力成本过高，这将激发企业积极研究新技术新工艺，用研发人员等技能型劳动力代替非技能劳动力，并提高对研发人员的薪资待遇和股权激励，从而使得股权激励对企业技术创新活动的激励作用得到增强。

## 三、对专利保护制度的"替代效应"

知识产权通常凝结为非实物形态的信息、知识等无形资产。它是企业技术创新的知识成果，需要通过严密的专利法和有效的专利保护体系予以保护。否则将面临极大的被模仿风险，从而打击企业的创新积极性。对于处于经济转型背景下的发展中国家而言，产权保护制度及其执行机制都有待完善。在这样的经济环境中，企业进行技术创新活动往往面临较大的被模仿风险和较为严重的溢出效应。企业对技术创新成果的预期收益自然较低，专利保护制度的激励作用有限，从而导致其技术创新动力较为缺乏。而要素价格被低估往往与发展中国家的经济转型相伴而生。那么，在缺乏充分的知识产权保护的情况下，企业将更加倾向于利用要素价格被低估所带来的廉价资本和劳动力资源进行粗放式生产，从而对专利保护制度产生替代。由此可见，要素价格被低估会削弱专利保护制度对企业技术创新活动的激励作用。相反，当要素价格被高估时，较高的要素使用成本将倒逼企业通过技术创新来降低单位要素投入。创新活动的增多势必会加大企业对专利保护制度的需求，从而促使企业积极呼吁政府完善相关制度建设，提升专利保护制度在全社会的重要性和功能性，为企业营造更加有利于技术创新的制度环境，从而使专利保护制度的创新激励功能得到更好发挥。

与西方发达国家相比，中国的专利保护制度起步很晚。在漫长的古代中国社会，由于缺乏专利法的保护，人们只好通过师徒之间手口相传或者家族内部代际传承的方式来保护自己的独门工艺。这种做法虽然在一定程度上维护了技术发明者对工艺技术的独享权，却容易导致工艺技术的失传和流失（柳卸林，2014），从而对社会进步造成极大损失；同时，这种手口相传的方式通常效率十分低下，不利于知识和技术的扩散与传播，从而无法充分发挥新工艺新技术对社会经济的推动作用。改革开放后，1978 年，中央首次提出"我国应建立专利制度"的决策，并于 1984 年正式颁布《中华人民共和国专利法》，随后先后于 1992 年、2000 年和 2008 年进行了三次修订，使得我国初步建立起一套较为完整的专利保护法律体系。但我国目前的专利保护体系在立法、管理体制和执法实践等方面还存在很多问题（崔显芳，2013），全社会的知识产权保护意识也有待提高。另一方面，要素价格被低估所带来的廉价资本和劳动力资源导致企业热衷于粗放式的生产方式，从而降低了对专利成果的市场需求和企业内部研发积极性，最终导致专利保护制度对中国企业技术创新的激励作用大为削弱。图 4 – 2 展示了要素市场不健全的外部环境下产权激励对企业技术创新的作用机制。

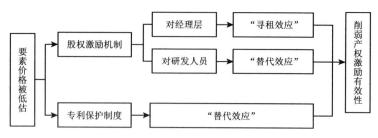

图 4 – 2　要素价格被低估条件下产权激励的作用机制

资料来源：作者绘制。

# 第三节 传统要素市场对市场激励的作用机制

如前所述，市场机制会通过价格信号、产品及要素需求以及市场结构等因素来影响企业的技术创新活动。而要素价格被低估会对以上几类因素造成干扰，从而削弱市场激励对企业技术创新活动的有效性。

## 一、对价格机制的"信号干扰效应"

价格机制能够自发调节要素市场的价格和供求状况，从而实现生产要素及创新要素的优化配置，因此价格机制是技术创新市场激励的重要工具。然而在要素市场不健全的情况下，要素市场上的要素价格信号并不能反映该种要素的真实供求状况，造成要素价格信号失真，从而对企业的要素使用决策产生"信号干扰效应"，导致企业无法实现生产要素和创新要素的最优配置（罗德明等，2012；毛其淋，2013；戴魁早和刘友金，2015a）。而在资源配置效率较低的情况下，企业技术创新活动的低回报率会直接削弱企业后续创新活动的动力和能力（解维敏和方红星，2011）。由此可见，要素价格有失市场公允就会扰乱价格机制对企业创新资源配置的信号传导作用，并最终削弱市场激励的有效性。

具体而言，当要素价格被低估时，意味着要素的市场价格低于其边际产出。根据供求原理，价格低于价值会引发该种要素供不应求，而此时较低的市场价格却会让企业误以为该种要素的供给存在过剩，从而引发价格信号扭曲。根据希克斯的"诱致性技术创新理论"，企业的技术创新活动往往倾向于节约那些价格变得相对昂贵即相对稀缺的生产要素。由此可得，此时企业在使用自认为供给过剩的要素进行生产活动时，并不会在意对该种要素的节约使用和工艺改进。如此一来，便会加剧该种要素供应紧张的局面，导致要素的真实价格上升以至于与其市场价格的差距更大，从而引发更加严重的要素价格被低估。由于当前中国要素市场上的要素价格存在被低估，对要素价格的信号传递功能形成干扰，导致企业在使用自认为供给过剩的要素进行生产活动时，并不会在意对该种要素的节约使用和工艺改进。因而，便会加剧该种要素供应紧张的局面，导致要素的真实价格上升以至于与其市场价格的差距更大，从而陷入要素价格被低估的恶性循环。

## 二、对新产品需求的"抑制效应"

要素价格被低估会削弱市场需求对企业技术创新的激励效果。原因主要有两点：第一，在劳动力和资本价格被低估的情况下，专利技术的价格显得更加昂贵。这会抑制知识产权交易市场上企业对专利产品的市场需求，从而打击企业的创新积极性；第二，劳动力价格被低估意味着居民收入水平较低，从而导致社会平均消费水平和需求层次偏低。这将对创新产品的市场需求产生不利影响，进而削弱市场需求对企业技术创新的激励作用。相反，要素价格被高估则有助于提高企业对专利产品的市场需求以及消费者对新产品的市场需求，从而会强化市场需求对企业技术创新的激励效果。

## 三、对要素需求的"转移效应"

企业的创新积极性与传统的资本和非技能劳动力要素价格存在此消彼长的关系。当传统的依靠廉价资本和劳动力发展的制造业面临要素成本持续上升的挑战时，粗放式的经济增长方式便难以为继，这将对企业的技术创新活动产生倒逼作用。林炜（2013）的实证研究证实，近年来，中国要素市场上劳动力成本的上升确实对企业的创新激励产生了积极影响。然而当要素价格被低估时，要素价格的正常上升轨迹受到外界影响。企业原本用于研发活动的资金和人员投入会更多地转移到廉价的资本和非技能劳动力上，企业将更加倾向于采取粗放式的生产方式，而减少技术创新活动；相反，当要素价格被高估时，企业原本用于采购资本和非技能劳动力的投入则可能更多地转移到技术创新活动中来，以实现生产工艺的改良和生产率的提高，从而节约资本和劳动力投入。综上所述，要素市场化会通过对要素需求的"转移效应"来影响企业的技术创新积极性。由此可得，当前中国要素市场存在的资本和劳动价格被低估将诱使企业通过增加传统生产要素来获取利润的动机,从而削弱了企业的技术创新积极性。

## 四、对市场结构的"垄断效应"

盖庆恩等(2015)认为,要素价格被低估会通过直接效应和间接效应两个渠道提高市场结构的垄断性。其中直接效应是指与中小企业和私营企业相比,国有企业和大企业虽然生产效率往往较低,但却更容易获得廉价的银行贷款,引发要素价格被低估在企业所有制和企业规模层面的差异,从而加大了大企业和小企业之间的实力差距,导致市场上垄断因素的滋长;间接效应是指要素市场化不仅会影响在位企业之间的资源配置效率,还会导致在要素市场上处于劣势的潜在进入者无法进入市场,从而加剧市场结构的垄断性。而根据前文分析,大企业虽然更具研发实力,却往往因为缺乏研发动力而无意于技术创新活动。总之,要素价格被低估会加剧市场结构的垄断性,这对企业技术创新激励而言并非好事。据此,要素价格被低估主要通过以下途径提高中国企业的垄断性:由于垄断型大企业在要素市场上更具市场势力和实力,因而在利用要素市场被低估来获取廉价要素资源方面比小企业具备先天优势。这会拉大在位企业之间在盈利能力和市场竞争力方面的差距,导致大企业市场势力的膨胀和垄断因素的滋长。同时还会对潜在进入者形成进入障碍,导致市场竞争性进一步恶化。图4-3展示了要素市场不健全条件下市场激励对企业技术创新的作用机制。

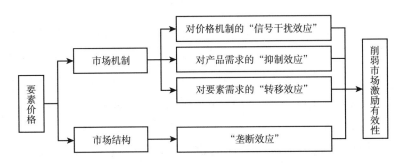

**图4-3 要素市场不健全条件下市场激励的作用机制**

资料来源:作者绘制。

# 第四节  传统要素市场对政府激励的作用机制

政府补贴、政府采购等政府激励措施对企业技术创新激励作用的发挥，是需要一定的前提和基础的。而要素市场被低估现象的存在却有可能破坏政府激励对企业技术创新活动的作用机制，从而削弱政府激励对企业创新行为的作用效果。

## 一、对政府激励的"信号干扰效应"

政府激励的"信号传递功能"有助于使企业的技术创新活动得到更多的银行贷款、风险投资等外部资金的支持，从而提升企业技术创新的能力。政府激励的这种信号传递功能显得更为重要，得到政府的扶持不仅意味着该企业的发展状况和前景被政府所看好，还表明该企业积极响应政府政策号召并与政府部门保持良好关系，从而有助于其获得银行的贷款支持和私人投资者的青睐。

目前中国要素市场存在严重的要素价格被低估问题。要素市场化会干扰政府激励对外部投资者的信号传递作用，从而削弱政府激励在促进中国企业技术创新活动方面的有效性。

## 二、对财政补贴的"挤出效应"

当要素市场化程度越低，要素市场与产品市场的市场化程度差异越大。吉尔和哈拉斯（Gill and Kharas，2007）发现，在存在寻租机会的转型经济体中，企业经常通过发送虚假的"创新类型"信号来谋求政府 R&D 补贴。一旦获得补贴后却往往不会将其用于 R&D 活动，而是将其投资于股市、房地产等非生产性投机活动，从而对企业 R&D 投入产生"挤出效应"。目前中国经济正处于转型过程中，要素市场的不完善和要素价格的被低估使得寻租空间大量存在，这导致企业经常通过发送虚假的"创新类型"信号来谋求政府研发补贴，并将补贴所获资金投资于股市、房地产等非生产性投机活动，从而对企业 R&D 投入产生"挤出效应"。

### 三、对政府采购的"地方保护效应"

前文中有关政府采购对企业技术创新激励作用的分析，存在着公平竞争、优胜劣汰的基本前提。杰罗斯基（Geroski，1990）指出，政府采购只有在"高标准实施、清晰界定市场需求、鼓励竞争"等一系列条件下才能实现对企业技术创新的激励作用。胡凯等（2013）认为，"市场竞争是政府采购的基石"，政府采购的主体——地方政府能否公平对待所有的卖方，将会影响到政府采购的技术创新激励效果。如果地方政府在政府采购过程中能够对本地企业和外地企业一视同仁，即对所有企业提供相同的激励，那么全国统一的政府采购市场才得以形成，政府采购对企业技术创新活动的激励效应才能得到充分发挥；反之，若各地区的地方保护主义之风盛行，则会导致企业的创新资源配置效率降低、生产可能性边界的拓展受到限制，从而不利于激发企业的技术创新活力。

当要素市场化程度较低时，地方政府在进行政府采购时将更加倾向于对本地企业实施保护，从而削弱政府采购对企业技术创新活动的激励作用。这是因为，要素市场化问题发生的根源往往是市场机制的不健全和市场竞争的不充分。

美、欧等西方发达经济体向来重视对政府采购创新激励功能的运用。如美国的《联邦采购条例》，欧盟的《巴塞罗那战略》（2002）、《支持创新的公共采购手册》（2007），日本的《日本创新战略2025》（2007）等均将政府采购作为创新政策体系的重要组成部分。中国政府于1996年开始实施政府采购制度。但起初只是将其作为节省财政开支的手段，并未赋予它公共政策方面的职能。直到2006年中央提出建设"创新型国家"的发展战略，并随之发布《国家中长期科学和技术发展规划纲要（2006～2020年）》及其相关配套政策后，才正式将政府采购纳入创新激励政策体系中。然而好景不长，迫于发达国家指责中国政府采购政策违反WTO原则的压力[①]，中央政府于2011

---

① 美国联邦贸易委员会2009年发布的《中国知识产权侵权、自主创新政策及其对美国经济的影响》、欧盟中国商会2011年发布的《创新迷途：中国的专利政策和实践如何阻碍了创新的脚步》等认为中国的自主知识产权规定、政府采购政策等存在歧视，不符合WTO的基本原则，美国信息技术与创新基金会甚至称其为"丑陋的创新政策"。

年 7 月宣布停止执行《国家自主创新产品的认定管理办法（试行）》等四个政府采购创新产品的相关文件，并要求各省市全面清理相关政策条款，意味着中国政府采购的创新激励职能被废止。不过，随着“创新驱动发展战略”的全面铺开，中央于 2015 年 3 月指出，要建立健全“符合国际规则的支持采购创新产品和服务的政策体系”，加大对创新产品及服务的采购力度，标志着政府采购创新激励功能的重新启用。

然而时至今日，政府采购在中国企业创新激励领域所发挥的作用仍然十分有限。例如，虽然《中华人民共和国政府采购法》明确规定“任何单位和个人不得采取任何方式，阻挠或限制供应商自由进入本地区或本行业的政府采购市场”，但政府采购中的地方保护主义行为却屡禁不止。比如河南省、福建省等均要求政府在招标采购时，在同等条件下要优先采购省内产品。地方保护主义是中国地区经济发展的一大特色，也是造成中国地区间市场分割、发展不平衡的根源之一。总之，目前中国要素市场存在的要素价格被低估问题很容易加剧各地政府采购过程中的地方保护主义行为，从而削弱政府采购对企业技术创新活动的激励作用。

## 四、对税收优惠和信贷政策的“转移效应”

税收优惠和信贷政策分别通过提高企业技术创新的预期收益和节约企业创新成本来激发企业的创新积极性。也就是说，当政府为企业的技术创新行为提供税收减免或低息甚至无息贷款时，企业很可能会被这些优惠政策吸引而增加对研发创新活动的投入。然而，当要素价格存在被低估时，税收优惠和信贷政策对企业研发投入的引导作用却会在一定程度上发生“转移”。因为此时由廉价资本和非技能劳动力资源所带来的额外收益可能会超出税收优惠与信贷政策带来的好处，从而导致企业转而沿用传统生产方式而非通过开发新技术或提升工艺水平来增加收益。因此本书认为，要素价格被低估会通过企业资源调配过程中的“转移效应”，对税收优惠和信贷政策等政府激励措施的创新激励有效性产生负向调节作用。相反，当要素价格出现被高估时，高昂的要素使用成本使得企业的技术创新意愿较强，进而使税收优惠和信贷政策更易于发挥其创新激励作用。

从各国的经验来看，常见的税收优惠政策可以分为直接税收优惠和间接税收优惠两大类，其中直接税收优惠方式有实行低税率、定期减免所得税等；间接税收优惠方式包括加速折旧、投资抵免、提取研发准备金、费用扣除以及亏损结转等。改革开放以来，我国政府陆续颁布了一系列税收优惠政策来鼓励企业技术创新，如《关于对新产品实行减税免税照顾问题的通知》（1981）、《财政部、国家税务总局关于促进企业技术进步有关财务税收问题的通知》（1996）、《关于鼓励软件产业和集成电路产业发展有关税收政策问题的通知》《关于扶持动漫产业发展增值税、营业税政策的通知》等。

如图4-4所示，通过比较30多年以来的税收优惠政策可以发现，我国的税收优惠政策从最初单一的降低税率逐步发展为技术改造贴息、出口产品研发贴息、研发设备加速折旧等多种方式；政策体系也从当初的以区域性优惠为主逐步转变为以产业优惠为主。但与发达国家相比，现阶段我国的税收优惠政策仍存在优惠方式缺乏多样性、优惠政策缺乏系统性、优惠措施缺乏针对性等问题，这些问题有待进一步完善。信贷政策领域也存在政策支持力度不够等类似的问题。而由要素市场化对税收优惠和信贷政策的"转移效应"可知，当要素价格被低估时，资本和劳动的市场价格相对低廉，企业维持传统生产工艺的单位成本得到降低，从而削弱了税收优惠和信贷政策对企业的吸引力，导致它们的创新激励功能下降。当前中国企业一方面面临被严

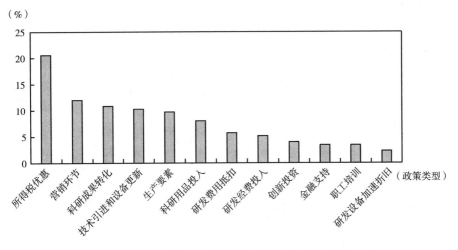

图4-4　我国税收激励政策的类型分布（1978～2012年）

资料来源：孙莹. 税收激励政策对企业创新绩效的影响研究［D］. 上海：东华大学，2013。

重低估的要素价格；另一方面还面临着尚未完善的税收优惠和信贷政策。在这两方面因素的综合作用下，税收优惠和信贷政策对中国企业的吸引力十分有限，对企业技术创新活动的激励作用有待提高。

## 五、对风险资本的"替代效应"

技术创新活动资金需求量大、项目回收期长的特性导致企业往往无力通过内部融资方式解决资金不足问题，因此需要外部融资方式的支持。常见的外部融资方式包括股权融资和债券融资两类，分别以风险投资和银行贷款为主要形式。以往研究证实，企业在技术创新过程中更倾向于风险投资而非银行贷款（Hall，1992；李汇东等，2013）。主要原因有两个：第一，银行贷款等债券融资往往需要企业以固定资产作为抵押才会提供贷款。但技术创新活动的投资如知识、人力资本等均是以无形资产的形式存在，导致企业难以提供相应的担保资产。相反，风险投资机构则更关注企业因技术创新活动而具备的发展潜力，对固定资产的要求相对较低（博塔齐，2001）。第二，银行贷款等债权融资方式都需要企业在未来一段时期内还本付息。这会给尚处于种子期或初创期的企业造成沉重的财务压力，不利于创新活动的持续开展。而风险投资等股权融资方式则无需企业还本付息，从而确保了企业 R&D 投入的可持续性（奥普勒和铁特曼，1994）。

然而，在资本价格存在被低估的情况下，原本以风险投资为主的融资结构遭到扭曲，导致风险投资对技术创新的作用被削弱。原因在于，资本价格被低估意味着资本要素的市场价格低于其真实价值。这从表面上看是降低了银行贷款这一债权融资方式的融资成本，从而提高了银行贷款对企业的吸引力。在这种情况下，风险资本的市场需求空间自然会在一定程度上被银行贷款所"挤占"和"替代"；另外，企业在选择用银行贷款来充实创新资本后往往会发现，银行贷款的实际成本并不像表面上那么低。因为现阶段中国资本价格被低估的主要原因不是资本供给过剩，而是政府对资本价格的人为干预。这种资本供给方面的配给制度必然会引发较高的寻租成本和交易费用，从而令企业得不偿失，以至于不得不缩减 R&D 投入，最终导致技术创新受到抑制（夏晓华和李进一，2012）。总之，要素价格被低估会引发企业融资结构中银行信贷对风险资本的"替代效应",从而削弱风险资本的创新激励功能。反之,资本价格的被高估,则意味着较高的借贷成本,从而加大了风险资本对企业的吸引力。政府若能在此时出台相应的风险投资政策,为风险资本进入企业提供便利条件,将有助于发挥风险资本对企业技术创新的正向激励作用。

近年来,风险投资的创新激励作用得到发达国家政府的高度重视。根据中国人民大学风险投资发展研究中心的一项调查报告《风险投资中政府角色的定位》①,目前发达国家的风险资本正逐步取代政府补贴在企业 R&D 投入中的地位。企业 R&D 投入中的风险投资比重在逐年增加,而政府补贴占比却呈逐年下降的趋势。中国政府于 20 世纪 80 年代中后期开始鼓励和引导风险投资的发展。2004 年中小板和 2009 年创业板的先后设立带动风险投资行业进入快速发展轨道。但截至目前,行业成熟度仍然较低,在投资过程中存在资金来源不合理(来自政府和国有商业银行的资金占风险投资行业资金总量的 50%,而私人投资仅占约 10%)、区域分布过于集中(京、沪、粤三省份的风险投资总额占全国的 2/3)、投资阶段偏重于企业发展的中后期等问题,导致其对企业创新的支持作用明显低于发达国家(尹洁,2012;邓俊荣和龙蓉蓉,2013)。

另外,由要素市场对风险投资政策的"替代效应"可知,资本价格被低估会导致银行贷款对风险资本的"替代"。因为资本价格被低估意味着资本要素的市场价格低于其真实价值。这从表面上看是降低了银行贷款这一债权融资方式的融资成本,从而提高了银行贷款对企业的吸引力,这势必导致另外一种企业融资方式——风险投资对企业吸引力的降低。如此一来,政府的风险投资政策对企业技术创新活动所产生的激励效果便会大打折扣。根据发达国家的经验,政府可以通过为风险投资企业提供经济补贴、税收优惠、信用担保、放松管制、建立二板市场、完善风险投资退出机制等措施来支持风险投资行业发展,以更好地发挥风险资本对企业技术创新的激励作用。图 4-5 展示了要素市场不健全条件下政府激励对企业技术创新的作用机制。

---

① 杜伟. 企业技术创新激励制度论 [D]. 成都:四川大学,2002。

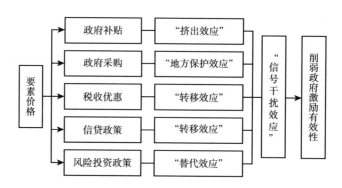

图 4 - 5　要素市场不健全条件下政府激励的作用机制

资料来源：作者绘制。

# 第五节　企业异质性分析

中国工业的要素市场化程度在不同地区、不同行业以及不同规模和不同所有制企业之间存在差异。除此之外，要素价格被低估对技术创新激励的影响同样存在着地区层面、行业层面、企业所有制以及企业规模层面的个体差异。

## 一、地区异质性

要素市场不健全条件下创新激励有效性的地区差异是由地区之间社会经济发展水平的差距来决定的。本书认为，经济发展水平越落后的地区，要素市场化对当地企业技术创新积极性的削弱作用越大。理由有两个：

第一，经济落后地区的企业在资金实力、抗风险能力方面通常弱于经济发达地区的企业，这使得经济落后地区企业的要素价格需求弹性更高。因此当要素价格存在被低估即要素的实际价格低于其边际产出水平时，落后地区企业将比发达地区企业更加倾向于将原本用于研发环节的资金投入转移到传统生产方式上。也就是说，要素市场化对要素需求的"转移效应"在落后地区企业比在发达地区企业中更大。

第二，一般而言，地区经济发展水平与该地区的市场化程度是成正比的。

经济发展越落后，往往意味着其产品和要素的市场化程度越低，当地企业对价格机制"信号传导功能"的信任度自然也更低。在这样的要素市场环境中，要素价格被低估程度每提高一个单位，对当地要素市场价格机制所造成的"信号干扰效应"的增加量将大于发达地区。也就是说，要素市场化对价格机制的"信号干扰效应"在落后地区企业比在发达地区企业中更大。

## 二、行业异质性

此处的"行业异质性"，是指从市场结构的视角分析行业集中度对要素市场化情况下企业技术创新激励有效性的影响。本书认为，在要素价格被低估的情况下，企业技术创新激励的有效性存在行业差异。具体而言，在垄断性越强（即行业集中度越高）的行业中，要素市场化对企业创新激励有效性的削弱作用越强。主要是因为行业集中度高，意味着该行业的市场份额由少数几家垄断型大企业把控；行业集中度低则代表该行业由众多竞争型小企业构成。由于垄断型大企业通常拥有较高的市场势力和丰厚的垄断利润，是传统生产方式的既得利益者，因此对技术创新的积极性往往较低。尤其是在要素价格存在被低估的情况下，传统生产方式的要素成本进一步降低，导致垄断型大企业更加墨守成规，拘泥于原有的生产技术和工艺。

## 三、企业所有制异质性

要素市场化条件下的企业技术创新积极性在企业所有制层面存在显著差异，要素价格被低估对企业技术创新激励的负向影响在国有企业中比在非国有企业中更加严重。主要原因包括两方面：一方面，这与目前中国不同所有制的企业之间在公司治理结构方面的差异性不无关系。在企业所有制层面，随着国有企业改革步伐的推进，尤其是1992年中央提出要建立"现代企业制度"以来，越来越多的国有企业通过股份制改革建立起"委托—代理关系"，来解决政企不分、管理低效的问题。然而这样做的一个不利影响，就是容易引发经理层的道德风险和短视行为等"委托—代理问题"，导致企业对研发创新等着眼于长远利益的活动的轻视。根据张维迎（1995）的研究结论，国有经济比重越高，代理人的努力程度会越低，也就是说企业面临的委托—代理问题就越严重。尤其是在要素价格存在被低估的情况下，廉价的资本和非熟练劳动力资源所能带来的短期盈利诱惑将改变经理层的要素使用决策，使其更偏好于传统的生产方式而忽视研发创新，从而削弱了各种技术创新激励措施的有效性。总之，国有企业的委托代理问题通常比非国有企业更为严重，从而导致要素市场化对要素需求的"转移效应"在国有企业中比在非国有企业中更大。

另一方面，这与不同所有制企业之间在寻租能力方面的差异性紧密相关。在企业所有制层面上，与其他所有制类型的企业相比，国有企业拥有先天优势。由此可见，国有企业对要素市场化的敏感性要高于非国有企业，这导致要素价格被低估对企业技术创新激励的负向影响在国有企业中比在非国有企业中更加严重。

## 四、企业规模异质性

要素市场化对创新激励措施的削弱作用在不同规模的企业之间同样存在差异，要素价格被低估对企业技术创新激励的负向影响在大企业中比在中小企业中更加严重，其原因与企业所有制层面的差异性较为相似。大企业中的情况与国有企业较为类似。随着企业规模的扩大，通常需要聘请专门的职业经理人来管理公司的日常运营。这样做虽然可以提升企业决策的效率和科学性，却也容易因经理层对个人眼前利益的考量而影响企业的技术创新积极性。与之相比，在中小企业中，公司股东与经理层的身份往往存在较大重合，甚至很多企业的经理本身就是企业主。这就使得中小企业的委托代理问题不像大企业那么严重，因而由要素价格绝对扭曲导致的创新激励减退效应也不像大企业那么明显。总之，大企业的委托代理问题通常比中小企业更为严重，从而导致要素市场化对要素需求的"转移效应"在大企业中比在中小企业中更大。

# 第五章

# 新兴要素市场化对企业技术
# 创新的作用机制分析

技术、数据这些新兴要素的自身特性及其对于企业技术创新的作用机制与传统要素存在巨大差异，因此需要分别进行分析。本章首先对我国要素市场化改革的内涵进行全面分析，在此基础上分别探讨技术要素市场化和数据要素市场化对企业技术创新的作用机制。

## 第一节　技术要素市场化的内涵

技术作为现阶段中国工业发展过程中关键性的新兴要素资源，在助力传统企业转型升级、促进制造业高质量发展方面发挥着越来越重要的作用。那么，技术要素的特性有哪些？技术要素市场化改革的内涵是什么？本节旨在回答以上几方面问题。

### 一、技术要素的含义及特性

技术要素作为生产要素的重要内容之一，一般理解为以商品为载体，通过商品的流通交换而表现出来的对商品价值的形成发挥作用的科学知识、技术水平和技术创新（雷鸣和周国华，2013）。它随着科技的发展对经济社会的作用日益凸显，逐步从物质资本和劳动力等要素中分离出来，成为独立的生产要素，并成为知识经济时代的核心要素，逐渐成为创造财富的主要资源。

与其他要素相比，技术要素具有以下特性：

## （一）非竞用性

"非竞用性"是指一个使用者对该物品的消费并不减少它对其他使用者的供应，即增加使用者的边际成本为零。技术一经研发成功，可同时供多个企业使用而不必投入新的成本。且在使用过程中非但不会造成技术的价值损耗，还有可能因学习效应、模仿型创新等而使技术的价值得到升华。

## （二）排他性

为激发企业技术创新积极性，提高企业创新的预期收益，各国政府都通过专利法的形式对技术研发成果实施一定年限的知识产权保护，从而使技术要素的使用在受保护期内具有了排他性。在专利保护期内，技术发明者拥有该项技术的独家使用权，从而极易成为技术市场以及相应产品市场的独家垄断者。

## （三）正外部性

技术要素的正外部性主要是指技术要素为区域内其他企业带来的"技术溢出效应"。技术溢出效应可进一步分解为示范效应和模仿效应。其中示范效应是指创新型企业的技术研发活动及其创新成果能够对区域内其他企业产生示范和带动作用，提升它们的技术创新积极性；模仿效应是指创新型企业的技术创新成果一旦转化为新产品并投放市场，其他企业比较容易通过模仿实现技术提升。这些都体现出技术要素的外部经济性。

## （四）时效性

技术创新是一个动态过程。技术的价值具有很强的时效性。技术成果如不及时进行交易、使用而是长期搁置，很有可能因新一轮技术创新的推进而被迅速替代，从而导致其价值大打折扣甚至被市场所淘汰。

## （五）形式多样性

与其他要素不同的是，技术要素的形式包含两类：一类是专利技术。它可以在技术市场中以商品的身份进行交易从而进入生产领域，其价值是科技人员物化在其中的抽象的人类劳动；另一类是技术人员在生产过程中对科学知识的合理运用，它以当期活劳动的形式进入生产领域。由此可见，技术要素市场化既包括技术转移和知识扩散，也涉及科研人员的自由流动。

## 二、技术要素市场化的内涵

技术要素是与企业技术创新活动直接相关的要素投入，技术要素市场是与企业技术创新联系最密切的要素市场类型。结合技术要素的特性以及我国要素市场化配置改革的具体要求，本研究认为，技术要素市场化改革是指通过健全职务科技成果产权制度、完善科技创新资源配置方式、建立促进各类创新要素向企业集聚机制等方式提升技术要素的配置效率和市场化水平。

# 第二节　技术要素市场化对企业技术创新的作用机制

技术要素市场化对于企业技术创新积极性的提升和技术创新效率的改善具有十分重要的作用，其作用机制包括几下几种。

## 一、技术溢出效应

企业的技术创新活动不仅有助于提升其自身的创新能力，而且能够通过技术溢出效应对区域内其他企业的创新能力产生积极影响。纳德里（Nadiri，1993）通过对欧美代表性企业的研发活动进行实证研究发现，企业自主研发给自身带来的回报率约为20%～30%，而外溢的回报率至少跟这一水平一样高。可见要想提升区域乃至一国的技术创新水平，十分关键的一点是充分发挥企业技术创新活动的溢出效应。而我国技术要素市场化改革的初衷就是扩大技术要素市场范围、激活技术交易活力。由此所带来的技术输出和技术引进活动的增多，都将有助于技术溢出效应的充分发挥，从而同时促进技术输出企业和技术引进企业的技术创新能力。

## 二、创新供给增加效应

随着技术要素市场化改革的持续推进，技术市场的规模将不断扩大，技术供给方的供给意愿持续提升。这是因为技术要素市场化改革通过优化创新资源配置方式、完善科研成果评价制度、健全科技成果产权制度等方式，能够有效降低创新成果的交易成本，提高技术供给方的自主研发及成果转让积极性，从而提升技术供给方的技术输出能力，增加整个市场的创新供给。

## 三、创新需求拉动效应

创新供给的增加一方面使知识产品的均衡价格水平出现下降趋势，产生所谓的"货币知识外部性"（安东内利，2011）；另一方面也提升了技术市场的产品多样性，有助于解决技术供求双方的技术适配性问题。以上两方面因素都将对创新需求方的技术需求产生拉动效应，从而提高企业的技术引进积极性和技术吸纳能力，增加技术市场的创新需求。综上，在创新供给增加效应和创新需求拉动效应的合力作用下，技术市场将进入交易量不断提升、均衡价格持续下降的良性动态调整过程，最终实现技术资源优化配置和技术市场繁荣发展。

## 四、技术传播媒介效应

由于技术交易的供求双方对技术适配性有较高要求，因此与普通商品市场仅包含供给方和需求方两大主体不同的是，技术市场包含三大主体：技术供给方、技术需求方以及技术市场媒介。其中技术市场媒介包括提供技术交易相关服务的中介机构、技术经纪人、技术交易平台以及促进技术市场发展的政府机构等，它在技术创新成果的扩散传播过程中发挥着重要的媒介作用。技术市场媒介的多样化健康发展有助于降低技术交易活动的交易成本，扩大科技成果的扩散范围，提高创新活动的溢出效应，因而可将其视为技术市场成熟的重要标志。我国的技术要素市场化改革历来十分注重对技术市场媒介的培育和发展。比如《关于构建更加完善的要素市场配置体制机制的意见》

中明确指出，要"培育发展技术转移机构和技术经理人，加强国家技术转移区域中心建设，开展创新要素跨境便利流动试点"。

## 第三节 数据要素市场化的内涵

### 一、数据要素的含义及特性

结合国内外学术界对数据要素的界定，本书认为数据要素是指以数字形式所展现的、能够通过创造新知识或形成对未来的预测等途径指导经济物品生产的信息资源，它是数字经济时代最基本、最重要的生产要素类型。与其他要素相比，数据要素具有以下特性。

（一）非竞用性

数据要素在使用上具有非竞用性。原因在于绝大部分数据可以被重复使用，且这种重复使用不会影响到数据的容量和质量。一方面，数据要素新增的产出或收益不随数据使用次数的增加而递减，即新增一个数据使用者不会导致其他既有数据使用者效用的减少；另一方面，重复使用导致的边际成本几乎为零，即新增一个数据使用者并不会带来额外的成本支出。因此，现实中应当鼓励数据要素供多个主体重复使用，以最大化数据要素的使用价值。

（二）部分排他性

与技术要素不同的是，数据要素并不具有完全的排他性，其是否排他取决于数据要素的所有权问题。如果数据要素属于私人财产，数据所有权者有权阻止他人访问和使用其数据库，则数据具有排他性，但这将大大降低数据的商业价值和社会价值。徐翔等（2021）认为，当数据的规模足够庞大、内容足够复杂和广泛时，拥有数据的企业倾向于"窖藏"而非分享数据，从而导致数据要素表现出高度的排他性。截至目前，由于数据确权理论的不完善和数据要素市场的缺失，现实中绝大多数数据的所有权、使用权尚未得到法律的充分认同和明确界定，从而导致大部分公共数据资源呈现出非排他性特征。但从企业的行为来看，现实中大多数企业都将自己拥有或收集的数据视为公司核心竞争力而极少公开。因此总的来说，数据要素具有部分排他性。

## （三）双向外部性

"双向外部性"是指，数据的共享既可能给社会带来正的外部性，也可能给数据要素的被收集者带来负的外部性。一方面，数据共享为企业技术研发活动提供了丰富的数据资源，有助于提高企业生产效率以及全社会的技术溢出效应，产生正的外部性。谢弗和萨皮（Schaefer and Sapi，2020）发现，使用雅虎搜索引擎的用户，其搜索数据显著改进了该引擎的搜索质量，进而产生了很强的正外部性；另一方面，消费者在使用互联网公司等企业提供的各项 ICT 产品和服务的过程中会产生大量数据，这些数据往往由企业直接收集和整理，在数据要素的被收集者不知情的情况下，涉及个人隐私或身份数据的曝光会给被收集者带来负的外部性。

## （四）时效性

与技术要素较为相似，数据要素的价值也具有显著的时效性。数据要素对于企业的意义往往在于及时性上。在特定时期内，数据要素的使用可能带来巨大的商业价值。而过了特定的时点之后，数据要素的价值可能会急剧贬值甚至一文不值。这与土地、劳动、资本等传统要素具有很大的不同。

## （五）规模经济性

数据要素的规模经济性来自两个方面。第一，对于将数据作为要素投入的生产性活动，如果存储的信息能够无限重复利用，那么产出增加的比例将大于投入增加的比例，即符合规模报酬递增的特征；第二，从数据中获得的大部分价值取决于组织、分析和显示数据的算法。而算法具有非竞用性，对算法的重复使用所带来的边际成本几乎为零，从而使得数据要素呈现规模经济特征。

## （六）经验品属性

现实中数据要素之所以难以交易，很大一部分来源于数据的经验品属性。数据本质上是一种经验品，潜在购买者在购买并使用之前无法了解数据的真实价值，除非赋予他审查数据的权限。然而一旦潜在购买者获得这些数据，他也就没有动力再为这些数据付费了。

（七）估值困难性

数据价值的确定无论从理论还是实践层面都是相当困难的。在理论层面，迄今为止还没用一个单一的生产函数可以准确描述数据这种生产要素转化为产出的过程；在实践层面，数据的市场价格可能无法反映出其真正的社会价值，对数据的边际价值和价格的估计往往是不精确的。

通过以上分析不难发现，技术要素和数据要素在非竞用性、排他性、外部性、时效性等特性方面具有很强的相通性，且跟传统要素具有很大的不同，因此适合将技术要素和数据要素放在一起进行分析。基于此，本书将劳动和资本界定为传统要素，将技术和数据界定为新兴要素，分别分析它们对企业技术创新的不同作用机制和影响效应。

## 二、数据要素市场化的内涵

在数字经济规模保持快速增长、推动传统产业改造提升的大背景下，《中共中央、国务院关于构建更加完善的要素市场化配置体制机制的意见》首次将数据正式纳入生产要素范围，并提出了加快培育数据要素市场的三条具体建议，分别着眼于推进政府数据开放共享、提升社会数据资源价值以及加强数据资源整合和安全保护。据此，本书将数据要素市场化改革界定为：通过推进政府数据开放共享、提升社会数据资源价值以及加强数据资源整合和安全保护等方式提升数据要素的配置效率和市场化水平。

# 第四节  数据要素市场化对企业技术 创新的作用机制

数据要素市场化对于企业技术创新积极性的提升和技术创新效率的改善同样具有重要作用，然而数据要素所具有的非竞用性、排他性等特征极易导致数据霸权、数据垄断问题的产生。接下来将对这两类因素分别进行分析。

## 一、数据要素市场化对企业技术创新的促进作用分析

数据要素市场化水平的提升主要通过数据基础设施建设、公共数据开放共享、数据管理制度的完善等途径使企业技术创新活动的外部环境得到优化提升，从而对企业技术创新产生促进作用。

### （一）环境优化效应

数据要素市场化对企业技术创新的创新环境优化效应是通过数据基础设施建设实现的。数据基础设施是指信息通信网络等 ICT 基础设施，主要由传感器、网络、互联网所需的地下光缆、通信基站以及物联网所需的智能传感器等基础硬件构成（沈运红和黄桁，2020）。数据基础设施的功能涉及数据采集、信息传输以及生产执行等各个流程，是数据要素和数字经济发展所必需的物理设备，是数据要素市场化的物质基础。我国政府在推动数据要素市场化过程中始终十分重视数据基础设施建设，强调通过数据基础设施建设推动数据要素市场化改革和数字经济快速发展。在数字经济时代，企业的技术创新活动对数据要素的依赖度显著增长，企业技术创新的水平和效率越来越依赖于数据基础设施的成熟度，数据基础设施日益成为企业技术创新必不可少的外部条件。因此，加强数据基础设施建设有助于改善区域内企业的技术创新环境，进而提升区域内企业的技术创新能力。

### （二）信息挖掘效应

"数据驱动型决策"在数字经济时代，企业要想在激烈的市场竞争中立于不败之地，就需要在正确的时间掌握正确的信息，数据生产要素正是正确信息的重要来源。掌握并分析处理丰富的数据要素，能够充分发挥数据对企业技术创新的信息挖掘效应，提升企业技术创新能力。具体表现在：一方面，企业通过大数据分析可以提高组织内部信息的透明度，从而产生更广泛、更深入和更准确的观察，进而改进研发决策的质量；另一方面，企业能够利用大数据刻画出更复杂、更完整的客户画像，从而有针对性地提供更准确的定制产品和服务，提高研发决策的科学性、精确性。从这个角度来看，数据生产要素可以被视为一种能够提高企业技术创新能力的重要信息资产。

## （三）数据共享效应

这里的数据共享既包括公共数据开放共享，又包括企业之间数据的互利共享。其中，公共数据是指政府在行政执法过程中所产生的信息，如行政许可、法院诉讼等活动所带来的信息。这类数据具有非竞用性、非排他性、强正外部性、规模经济性等属性，是典型的纯粹公共物品。因此对于公共数据应坚持开放共享的原则。各地政府要建立专门的信息平台，持续加大公共数据的公开力度。企业数据是企业在自身生产经营活动中所形成的，属于私人数据，具有排他性。但考虑到创新本身是一个试错过程，研发过程中的失败尝试所形成的大量数据和信息对企业也具有重要意义。如果企业之间不能进行数据共享，那么研究的时间和资源就很可能浪费在其他企业已经发现毫无结果的项目上，从而导致无效率的均衡。阿基吉特和刘（Akcigit and Liu，2016）建立了一个"赢家通吃"的动态博弈模型研究这一问题，发现竞争性企业的博弈结果是：要么重复进行高失败风险的实验，希望通过某次幸运的成功带来高额回报；要么提前放弃风险研究，中止创新进程。这两种选择均会因为信息外部性的存在引发显著的效率损失。反之，如果企业能够交流、共享研发过程中的各种数据，便能够显著提高创新活动的效率。

## 二、数据垄断对企业技术创新的抑制作用分析

数据要素虽然可以通过上述诸多途径对企业技术创新产生促进作用，但在数字经济时代，不同规模的企业并不是站在同一起跑线上。并非所有的企业都可以搭乘数字经济的东风，充分利用数字要素实现快速发展。相反，数字要素本身所具有的一些特性可能会导致大企业和中小企业之间严重的"数字鸿沟"，加剧市场结构的垄断性，并对企业技术创新活动造成不利影响。

法布迪和威尔德坎普（Farboodi and Veldkamp，2018）仿照索洛的经典新古典增长模型中对资本流入和流出的分析，对数据的"流入"（经济活动产生的新数据）和"流出"（数据的折旧）进行了理论建模。模型结果显示，当数据存量非常低时，数据的流入量远远大于数据流出量，数据要素存量将会快速增加，产品的质量和价值也会随之快速提高；而随着数据存量的增加，数据流入的速度会逐渐放缓，导致数据流入量与数据流出量之间的差额越来

越小，也即数据要素存量的增加速度持续变小。最终，数据流入和流出交于一点，数据经济达到稳态均衡水平，此时数据要素存量、产品质量以及 GDP 都将保持不变。由此可见，当数据要素积累到一定程度时，边际收益递减的力量就会占据主导地位；而在数据存量不够充足时，"数据反馈循环"将会产生递增的回报——拥有更多数据的企业会生产更高质量的产品。这又会促使这些企业增加投资、生产和销售，进而生成更多数据，产生所谓的滚雪球效应，最终导致行业集中度提高和垄断势力的滋长。贝格纳等（Begenau et al.，2018）通过构建重复静态博弈模型，论证了大企业在数据要素领域的独特优势。第一，数据资源优势。大企业因为有更多的经济活动和更长的经营历史，从而产生了更多可供处理的数据存量；第二，融资成本优势。随着计算机性能的提高，数据分析改善了投资者的预测质量，减少了股票投资的不确定性。当投资者能够处理更多的数据时，大企业的投资成本会下降得更多。也就是说，大企业比中小企业更擅长利用金融市场中的大数据来降低融资成本。法布迪（Farboodi，2019）采取了类似的建模方法。在重复静态博弈模型中引入了一个名为"数据精通"的新变量，用于描绘企业对于数据使用的精通程度。通过求解这一模型，他们发现：首先，数据有助于企业提高生产率。更高的生产率使得企业进行更多投资，规模变得更大，从而生产出更多的数据，构成了一个"数据反馈循环"；其次，由于额外的生产过程会产生更多数据，企业为了获得更多、更好的数据会进一步增加投资，数据质量也因此得到显著改善。

数据要素的积聚还在一定程度上导致了"超级明星公司"的出现，从而加剧了市场结构的垄断性。奇里亚克（Ciuriak，2019）分析了过去三百多年的经济史中要素租金的分配方式，指出数据生产要素的集聚产生了大规模的租金，催生了超级明星企业。奥托等（Autor et al.，2020）认为，在 ICT 技术和包括数据在内的无形资本上的竞争优势催生了超级明星公司。这些公司具有高附加值和低劳动力份额的特点，造成产品市场集中度的显著上升。丹部等（Tambe et al.，2020）提出了"数字资本"的概念，用于指代数字技术密集型企业对实现新技术价值所需无形资产进行的投入（如员工 ICT 技能培训、企业决策结构和软件定制等方面的累计投资等）。通过创建一个关于 ICT 相关劳动力投入的企业面板数据库进行研究发现，在大多数"超级明星公司"中积聚了大量数字资本，进而导致了一定程度的垄断。

　　总之，数据要素的天然属性导致拥有数据优势的企业极易凭借数据霸权形成所谓的数据垄断。而根据市场结构与企业技术创新之间的关系原理，数据垄断最终将危害企业的技术创新活动，抑制企业的技术创新动力和技术创新能力。因此在一国数字经济发展过程中，政府十分有必要加强数据要素市场的法律法规建设和日常监管，避免数据垄断的产生。闫和哈克萨（Yan and Haksar，2019）指出，数据作为生产要素和信息载体有助于促进生产与创新，提升经济效率。然而，数据的非竞用性、外部性和部分排他性特征也给公共政策的制定带来了严峻的挑战。程等（Cheng et al.，2020）认为，数据作为一种重要的生产要素，它的崛起在提高经济效率、促进创新等方面具有巨大潜力。但其所具有的非竞用性、排他性、规模报酬递增、估值困难等特性，极易导致垄断的出现，从而加剧了企业之间以及企业与政府之间的势力不对称，因此政府应采取措施应对数据垄断，提升数据要素市场的竞争程度。

# 第六章

# 要素市场化程度测算
# 及异质性分析

要想评估要素市场化改革对企业技术创新的影响，首先需要测算出中国各类要素市场的市场化程度。本章将运用生产函数法对中国传统要素市场的资本、劳动和总体价格扭曲程度及其在地区、行业、企业所有制及企业规模层面的差异性进行全方位测度，以此来衡量传统要素市场化程度。

## 第一节　测算方法及数据说明

本节首先对所采用的要素市场化程度的测度方法进行详细介绍，然后对要素市场化程度测度过程中使用的样本、变量及其数据进行说明。

### 一、测算方法

要素市场化程度是指某种要素的实际价格与其边际产出的偏离程度。偏离程度越高，说明要素市场化程度越低。因此，要想测度要素市场化程度，首先需要估算出各种要素的边际产出水平，这便涉及生产函数的具体形式问题。表 6 - 1 整理了国内外学者测算要素市场化程度时常用的生产函数类型，包括 C - D 生产函数和超越对数生产函数①。

——————————

① 除了 C-D 生产函数和超越对数生产函数这两类函数形式之外，固定替代弹性生产函数也是一种常见的生产函数形式。它是 C-D 生产函数的一般形式，与 C-D 生产函数相比放松了关于替代弹性恒为 1 的严格假定，因此比 C-D 生产函数更接近现实经济情况，但由于它的非线性形式所导致的参数估计困难以及较大的估计误差，这类函数并未在要素市场扭曲程度测算领域得到广泛运用。

表 6 – 1 要素市场化程度测算中的生产函数形式

| 生产函数类型 | 优点 | 缺陷 | 文献 | 研究对象 |
|---|---|---|---|---|
| C – D 生产函数 | 形式简单，便于估计 | 前提假设过于苛刻，不符合实际情况 | 盛仕斌和徐海（1999） | 中国工业企业 |
| | | | 施炳展和冼国明（2012） | 中国工业企业 |
| | | | 郑振雄和刘艳彬（2013） | 中国工业分行业 |
| | | | 石庆芳（2014） | 中国各省市 |
| | | | 李平和季永宝（2014） | 中国各省市 |
| | | | 黄鹏和张宇（2014） | 中国工业国有企业 |
| 超越对数生产函数 | 估计结果的精确性更高① | 边际产出的推算较复杂 | 赵自芳（2007） | 中国工业分行业 |

资料来源：作者整理。

本书借鉴施炳展和冼国明（2012）等的方法，采用 C – D 生产函数方法来测度要素市场化程度。其基本思想是，由于 C – D 生产函数建立在完全竞争市场的假设之上，因此通过估计生产函数求出的要素边际产出即为要素的应得报酬，将其与要素的实际报酬相比，便可得到要素市场化程度。具体步骤如下：设生产函数为：

$$Y_{it} = A_{it}K_{it}{}^{\alpha}L_{it}{}^{\beta} \qquad (6-1)$$

其中，$Y_{it}$、$K_{it}$、$L_{it}$分别为企业 $i$ 在 $t$ 期的产出水平、资本存量和劳动力数量，$\alpha$、$\beta$ 分别表示资本和劳动力的产出弹性，$0 < \alpha$、$\beta < 1$。式（6 – 1）两边分别对 $K$ 和 $L$ 求偏导，得到资本和劳动的边际产出分别为：

$$MP_{K_{it}} = \alpha A_{it}K_{it}{}^{\alpha-1}L_{it}{}^{\beta} = \alpha Y_{it}/K_{it} \qquad (6-2)$$

$$MP_{L_{it}} = \beta A_{it}K_{it}{}^{\alpha}L_{it}{}^{\beta-1} = \beta Y_{it}/L_{it} \qquad (6-3)$$

对式（6.1）取对数后进行计量回归②，得到 $\alpha$、$\beta$ 的估计值。将 $\alpha$、$\beta$ 的估计结果代入式（6.2）、式（6.3），便可得到资本和劳动的边际产出值。最后，将要素边际产出值代入各要素市场化程度的表达式：

---

① 阿尔通巴什和查克拉瓦蒂（Altunbas and Chakravarty, 2001）的相关研究表明，超越对数生产函数在处理非平衡数据、异质类数据时能够得到良好的效果，且其估计结果的拟合性和精确性都较高。

② 这里的回归方式有多种选择，既可以把 2007 ~ 2014 年所有企业的面板数据作为整体进行回归，也可以按照不同年度、省份、行业、所有制、企业规模等划分标准分别进行回归。本章第二节列出了各种回归方式的估计结果。

$$AD_{K_{it}} = MP_{K_{it}}/r_{it} \qquad\qquad (6-4)$$

$$AD_{L_{it}} = MP_{L_{it}}/w_{it} \qquad\qquad (6-5)$$

若 $AD \neq 1$，则说明存在要素市场扭曲。当 $AD > 1$ 时，说明要素实际所得小于要素应得报酬，即要素价格被低估，数值越大则被低估程度越高；反之，当 $AD < 1$ 时，说明要素实际所得大于要素应得报酬，即要素价格被高估，数值越小则被高估程度越高。进而估算出企业 $i$ 在 $t$ 期的传统要素市场化程度：

$$AD_{it} = (AD_{K_{it}})^{\frac{\alpha}{\alpha+\beta}} (AD_{L_{it}})^{\frac{\beta}{\alpha+\beta}} \qquad\qquad (6-6)$$

## 二、样本的选择

本书主要研究我国要素市场化改革背景下的工业企业技术创新激励问题，因此应以微观企业[①]为研究对象。近年来，学术界在研究中国企业问题时，要么以中国工业企业数据库（1998～2007 年）为样本；要么以上市公司数据库为样本。其中前者汇集了中国绝大多数国有企业及规模以上非国有企业的财务数据，具有样本量大、覆盖面广、指标丰富等优点。但它并不适用于本书的研究，原因主要有：第一，近年来中国的要素市场化程度和企业技术创新水平都发生了显著变化。但工业企业数据库的样本观察期截至 2007 年，无法对近八年来要素市场和企业技术创新的新变化进行比较分析；第二，以往学者对企业技术创新激励的研究均以企业的 R&D 投入为企业创新激励水平的代理变量，而工业企业数据库直到 2005 年才将企业 R&D 投入纳入指标体系。可见若以工业企业数据库为样本来进行本书的实证研究，将导致关键变量的严重数据缺失，从而无法获得科学有效的估计结果。

与之相比，上市公司数据库则拥有更好的时效性。而且根据 2007 年新会计准则的相关要求，绝大多数上市公司从 2007 年（或 2008 年）起便在年报中公布了企业的年度研发费用支出。因此，本书将以上市公司数据库中的工业上市公司作为样本来源。在常用的上市公司数据库[②]中，Wind 数

---

① 采用微观企业数据不仅能提供更多的关于企业特征的信息（如企业规模、所有制类型、股权激励方案等），还有助于解决计量经济学中的个体异质性问题（聂辉华等，2012）。

② 常用的上市公司数据库有 Wind 数据库、国泰安数据库、CCER 数据库等。

据库不仅包含各上市公司的资产负债表、现金流量表以及利润表上的各项财务指标，还囊括了财务附注部分的企业研发费用支出、政府补助等与本书实证研究相关的变量，近年来得到学者们的广泛使用。因此本书选择Wind 数据库"证监会行业类"中的工业板块①作为实证研究的样本及数据来源，共计 2026 家上市公司。另外，为了避免极端值对实证结果的干扰，剔除在样本考察期内出现过 ST 或 * ST 的上市公司共计 37 家，最终样本量为1989 家。

在样本考察期的选择上，考虑到我国的会计准则在 2007 年进行了较大调整，且绝大多数上市公司的年报中均是从 2007 年才开始披露公司的研发费用支出（即"R&D 投入"这一本书的关键变量），因此为了保证各年度数据的一致性和完整性，实证研究将以 2008 ~ 2015 年作为考察年限，构成一个非平衡面板数据。

## 三、变量与数据说明

要素市场化程度测算过程中所涉及的变量包括各公司各年度的总产出以及资本、劳动力的数量和价格。其中总产出 $Y$ 用增加值表示，等于"营业收入"减去中间投入②，并根据工业生产者出厂价格指数调整为 2007 年价；资本数量 $K$ 用"固定资产"表示，并根据固定资产投资价格指数调整为 2007年价；劳动数量 $L$ 用企业的"员工人数"表示；资本价格即利息率 $r$ 的估算方法参考盛仕斌和徐海（1999）、施炳展和冼国明（2012）等学者的做法，用企业"利息支出"与"负债总额"的比值来表示。同时考虑到按照此算法得到的资本价格有一半以上在 0.05 以下，而根据《中国统计年鉴》的相关数据，我国金融机构的法定贷款最低利率始终维持在 0.05 以上，因此借鉴施炳展和冼国明（2012）的方法，对于相关数据缺失或资本价格计算结果低于0.05 的情况，皆用该企业所处省份利率水平高于 0.05 的企业的年平均利率来代替，具体数值见表 6 - 2；劳动价格 = 应付职工薪酬/员工人数，并根据

---

① Wind 数据库中"证监会行业类"的行业分类方法与"国民经济行业分类"（GB/T 4754 - 2011）完全一致，因此本书以该分类标准对中国工业企业进行行业分类。

② 借鉴袁堂军（2009）的算法，中间投入 = 主营业务成本 + 各种费用 - 固定资产折旧 - 劳动报酬总额。

居民消费价格指数调整为 2007 年价。为了尽量降低异常值对估计结果的负面影响，本书对样本数据进行了如下处理：首先，对所有解释变量和被解释变量进行了 2.5% 水平下的双边缩尾处理；其次，对于严重不符合经济现实的数据（如应付职工薪酬为负值）予以剔除。

表 6 - 2                 2007 ~ 2014 年各省份的年均利息率

| 区域 | 省份 | 上市公司数量 | r 的年均值 | | | | | | | |
|---|---|---|---|---|---|---|---|---|---|---|
| | | | 2007 年 | 2008 年 | 2009 年 | 2010 年 | 2011 年 | 2012 年 | 2013 年 | 2014 年 |
| 东部地区 | 北京 | 125 | 0.0813 | 0.0712 | 0.0660 | 0.0641 | 0.0712 | 0.0603 | 0.0646 | 0.0517 |
| | 天津 | 25 | 0.0628 | 0.0558 | 0.0647 | 0.0565 | 0.0535 | 0.0544 | 0.0804 | 0.0522 |
| | 河北 | 42 | 0.0588 | 0.0664 | 0.0501 | 0.0886 | 0.1059 | 0.0675 | 0.0623 | 0.0512 |
| | 辽宁 | 52 | 0.0540 | 0.0573 | 0.0533 | 0.0500 | 0.0500 | 0.0619 | 0.0736 | 0.0587 |
| | 上海 | 126 | 0.0593 | 0.0610 | 0.0627 | 0.0521 | 0.0555 | 0.0560 | 0.0521 | 0.0682 |
| | 江苏 | 214 | 0.0510 | 0.0699 | 0.0590 | 0.0865 | 0.0817 | 0.0595 | 0.0664 | 0.0728 |
| | 浙江 | 230 | 0.0511 | 0.0657 | 0.0654 | 0.0600 | 0.0673 | 0.0615 | 0.0613 | 0.0727 |
| | 福建 | 63 | 0.0654 | 0.0632 | 0.0526 | 0.0568 | 0.0533 | 0.0515 | 0.0500 | 0.0555 |
| | 山东 | 134 | 0.0500 | 0.0579 | 0.0555 | 0.0567 | 0.0634 | 0.0616 | 0.0635 | 0.052233 |
| | 广东 | 302 | 0.0585 | 0.0608 | 0.0760 | 0.0629 | 0.0669 | 0.0736 | 0.0662 | 0.0611 |
| | 海南 | 11 | 0.0500 | 0.0500 | 0.0500 | 0.0500 | 0.0500 | 0.0500 | 0.0500 | 0.0500 |
| 中部地区 | 山西 | 30 | 0.0636 | 0.0615 | 0.0516 | 0.0500 | 0.0772 | 0.0556 | 0.0647 | 0.0574 |
| | 内蒙古 | 25 | 0.0638 | 0.0720 | 0.0667 | 0.0985 | 0.1235 | 0.0724 | 0.1168 | 0.0656 |
| | 吉林 | 30 | 0.0508 | 0.0631 | 0.0502 | 0.0773 | 0.0847 | 0.0500 | 0.0520 | 0.0866 |
| | 黑龙江 | 25 | 0.0641 | 0.0581 | 0.0526 | 0.0500 | 0.0509 | 0.0581 | 0.0500 | 0.0577 |
| | 安徽 | 68 | 0.0654 | 0.0565 | 0.0500 | 0.0502 | 0.0565 | 0.0535 | 0.0525 | 0.0500 |
| | 江西 | 31 | 0.0537 | 0.0565 | 0.0500 | 0.0500 | 0.0500 | 0.0686 | 0.0516 | 0.0533 |
| | 河南 | 65 | 0.0500 | 0.0500 | 0.0500 | 0.0500 | 0.0500 | 0.0552 | 0.0500 | 0.0526 |
| | 湖北 | 61 | 0.0884 | 0.0797 | 0.0559 | 0.0567 | 0.0500 | 0.0602 | 0.0543 | 0.0709 |
| | 湖南 | 55 | 0.0523 | 0.0545 | 0.0500 | 0.0500 | 0.0555 | 0.0500 | 0.0584 | 0.0543 |
| 西部地区 | 广西 | 24 | 0.0500 | 0.0565 | 0.0500 | 0.0500 | 0.0566 | 0.0548 | 0.0545 | 0.0500 |
| | 重庆 | 31 | 0.0500 | 0.0500 | 0.0500 | 0.0575 | 0.0500 | 0.0500 | 0.0500 | 0.0500 |
| | 四川 | 77 | 0.0500 | 0.0500 | 0.0759 | 0.0500 | 0.0612 | 0.0593 | 0.0610 | 0.0564 |

| 区域 | 省份 | 上市公司数量 | r 的年均值 | | | | | | | |
|---|---|---|---|---|---|---|---|---|---|---|
| | | | 2007 年 | 2008 年 | 2009 年 | 2010 年 | 2011 年 | 2012 年 | 2013 年 | 2014 年 |
| 西部地区 | 贵州 | 17 | 0.0500 | 0.0500 | 0.0500 | 0.0500 | 0.0500 | 0.0500 | 0.0500 | 0.0500 |
| | 云南 | 20 | 0.0503 | 0.0526 | 0.1511 | 0.0575 | 0.0820 | 0.1105 | 0.1407 | 0.05 |
| | 西藏 | 9 | 0.0500 | 0.0504 | 0.0500 | 0.0500 | 0.0500 | 0.0500 | 0.0500 | 0.0500 |
| | 陕西 | 29 | 0.0665 | 0.0581 | 0.0500 | 0.0500 | 0.0500 | 0.0556 | 0.0543 | 0.0573 |
| | 甘肃 | 21 | 0.0602 | 0.0532 | 0.0500 | 0.0500 | 0.0500 | 0.0567 | 0.0574 | 0.0508 |
| | 青海 | 9 | 0.0577 | 0.0574 | 0.0500 | 0.0510 | 0.0500 | 0.0505 | 0.0598 | 0.0501 |
| | 宁夏 | 10 | 0.0500 | 0.0559 | 0.0550 | 0.0763 | 0.0516 | 0.0506 | 0.0502 | 0.0838 |
| | 新疆 | 27 | 0.0591 | 0.0635 | 0.0587 | 0.0647 | 0.0557 | 0.0599 | 0.0623 | 0.0554 |

资料来源：根据 STATA 输出结果整理。

　　另外，为了进一步分析不同类型企业资本价格市场化程度的差异性，将从行业、企业所有制、企业规模等角度对所有样本企业进行分类。在分类标准方面，对垄断行业和竞争行业的划分参考杜鑫（2010）、岳希明和蔡萌（2015）的方法，将"垄断行业"界定为行业内企业数量较少、以国有企业为主体且员工中农民工比重较低的行业；反之则为"竞争行业"。根据此标准，工业中的垄断行业包括石油和天然气开采业、烟草制品业①、石油加工炼焦和核燃料加工业、电力热力生产和供应业、燃气生产和供应业、水的生产和供应业等六个细分行业，余下的皆为竞争行业。在企业所有制层面，"国有企业"包括 Wind 工业数据库中的中央国有企业和地方国有企业；非国有企业包括民营企业、集体企业、外资企业、公众企业以及其他企业。在企业规模层面，根据企业总资产的大小将所有样本企业划分为大企业和中小企业两类，其中 2007～2014 年总资产年均值大于所有样本企业总资产年均值中位数的企业划分为大企业；剩余一半则归为中小企业。

　　在数据来源方面，企业的营业收入、主营业务成本、费用明细、总资产、固定资产、固定资产折旧、利息支出、负债总额、员工人数、应付职工薪酬等企业财务数据均来自 Wind 数据库；工业生产者出厂价格指数、固定资产

---

　　①　A 股中目前还没有烟草制品行业的上市公司，因此本实证研究不涵盖烟草制品业。

投资价格指数、民消费价格指数等各类物价指数则来自相应年份的《中国统计年鉴》。

# 第二节　资本价格市场化程度及其异质性分析

要素市场化程度可根据要素类型划分为资本价格市场化程度、劳动价格市场化程度以及传统要素市场化程度。本节内容将在对资本和劳动的要素替代弹性 $\alpha$、$\beta$ 进行估计的基础上，分别介绍资本价格、劳动价格以及总体要素价格的市场化程度及其个体差异性。

## 一、参数估计结果

通过对全部 1989 家样本企业 2007～2014 年的面板数据进行广义最小二乘（GLS）估计，可以得到资本和劳动的要素替代弹性 $\alpha$、$\beta$。如表 6-3 所示，$\alpha$、$\beta$ 的估计值分别为 0.7226 和 0.2189，且均在 1% 的检验水平下具有统计显著性。另外，根据 $\alpha + \beta = 0.7226 + 0.2189 = 0.9415 < 1$ 可知，中国工业目前整体上处于规模报酬递减阶段。将 $\alpha$、$\beta$ 的估计结果分别代入式（6-2）和式（6-3），便可求出资本和劳动的边际产出，进而通过要素边际产出和要素实际价格的对比获得要素价格的市场化程度。

另外，由于参数估计结果容易受到生产函数设定形式的影响，因此为了检验 C-D 生产函数对于本书研究的适用性，同时采用超越对数生产函数对面板数据进行了估计。超越对数生产函数表达式为：

$$\ln Y_{it} = \gamma_0 + \gamma_1 \ln K_{it} + \gamma_2 \ln L_{it} + \gamma_3 \ln^2 K_{it} + \gamma_4 \ln^2 L_{it} + \gamma_5 \ln K_{it} \times \ln L_{it} + \varepsilon_{it}$$

$$(6-7)$$

根据表 6-3 右半边展示的超越对数生产函数的参数估计结果，$\ln K_{it}$、$\ln L_{it}$ 的平方项以及二者交叉项的系数并不具有统计显著性，也就是说，式（6-7）退化为 C-D 生产函数的对数形式。可见 C-D 生产函数的估计结果具有稳健性，没有必要再运用超越对数生产函数进行估计。

表 6 - 3　　　　　　　　　　　生产函数的参数估计结果

| 生产函数 | C - D 生产函数 | | 超越对数生产函数 | | | | |
|---|---|---|---|---|---|---|---|
| 变量 | $\alpha$ | $\beta$ | $\gamma_1$ | $\gamma_2$ | $\gamma_3$ | $\gamma_4$ | $\gamma_5$ |
| 估计值 | 0.7226 *** | 0.2189 *** | 0.7209 *** | 0.2256 *** | 0.0589 | 0.0556 | - 0.0908 |
| $t$ 值 | 75.74 | 70.45 | 71.33 | 69.26 | 0.73 | 0.53 | - 1.46 |
| 样本量 $N$ | 14042 | | 14042 | | | | |
| $F$ 统计值 | 23828.70 | | 10435.84 | | | | |
| $AdjR^2$ | 0.7724 | | 0.7709 | | | | |

注：　*** 表示在 1% 的检验水平下具有统计显著性，下同。

资料来源：根据 STATA 输出结果整理。

## 二、资本价格市场化程度测算结果分析

通过将参数估计结果 $\alpha = 0.7226$ 代入式（6 - 2），可以得到每个企业在各年度的资本边际产出水平 $MP_K$。再将 $MP_K$ 和资本价格 $r$ 代入式（6 - 4），便可得到每个企业在各年度的资本价格被低估程度。其中，数值越大，代表资本价格的市场化程度越低。如表 6 - 4 所示，由于篇幅限制，本书不再一一列出每个企业各年度的资本价格被低估程度。而是通过计算出分年度、分地区、分行业、分所有制以及分企业规模的资本价格市场化程度平均值，来刻画出资本价格绝对市场化程度的变化趋势及其在地区、行业、企业所有制、企业规模等层面的差异性。

表 6 - 4　　　　　　　　　资本价格市场化程度的平均值

| 均值 | $MP_K$ | $r$ | $AD_K$ |
|---|---|---|---|
| 总体 | 0.30 | 0.0611 | 5.07 |
| 2007 年 | 0.31 | 0.0581 | 5.43 |
| 2008 年 | 0.31 | 0.0617 | 5.31 |
| 2009 年 | 0.30 | 0.0619 | 5.07 |
| 2010 年 | 0.32 | 0.0625 | 5.36 |
| 2011 年 | 0.32 | 0.0650 | 5.16 |
| 2012 年 | 0.29 | 0.0612 | 4.92 |

续表

| 均值 | | $MP_K$ | $r$ | $AD_K$ |
|---|---|---|---|---|
| 2013 年 | | 0.30 | 0.0591 | 4.80 |
| 2014 年 | | 0.27 | 0.0594 | 4.65 |
| 分地区 | 东部 | 0.34 | 0.0626 | 5.46 |
| | 中部 | 0.26 | 0.0585 | 4.49 |
| | 西部 | 0.23 | 0.0577 | 4.06 |
| 分行业 | 垄断行业 | 0.23 | 0.0601 | 3.83 |
| | 竞争行业 | 0.35 | 0.0618 | 5.66 |
| 分所有制 | 国有企业 | 0.26 | 0.0600 | 4.35 |
| | 非国有企业 | 0.34 | 0.0616 | 5.49 |
| 分企业规模 | 大企业 | 0.29 | 0.0598 | 4.85 |
| | 中小企业 | 0.32 | 0.0620 | 5.32 |

资料来源：根据 STATA 输出结果整理。

由表 6 - 4 可知，所有年度的资本价格市场化程度值均大于 1。说明近年来中国工业始终存在资本价格被低估，平均而言资本的边际产出是资本实际价格的 5 倍左右。从时间轴来看，被低估程度虽有所缓解，但直至 2014 年资本价格市场化程度仍高达 4.65，说明中国资本市场的资本价格被低估问题尚未得到有效解决。究其原因，近年来随着利率市场化改革的不断深入，我国资本市场初步建立起了市场化的利率形成和传导机制，在一定程度上提高了资金配置效率。但直至目前仍存在金融机构自主定价能力不足、央行引导和调控利率渠道不畅、缺乏对非理性定价行为的监督管理等问题[①]，制约了资本市场的价格形成机制，导致实际利率依然严重偏离资本的真实价值。除此之外，近年来，工业领域技术水平的提升使得企业资本边际产出普遍得到提高，从而导致其与资本真实价值的差距很难得到缓解。

## 三、资本价格市场化程度的异质性分析

从企业异质性的角度分析，资本价格市场化程度在不同地区、不同行业、

---

① 中国将从三方面推进利率市场化改革 ［N］. 中国新闻网，2016 - 06 - 27。

不同所有制及不同规模企业之间均存在显著差异。在地区层面，资本价格市场化程度从东部向西部依次递减，其中，东部地区企业的资本价格市场化程度平均值为5.46，高于全国平均水平；中部地区和西部地区则分别为4.49和4.06，略低于全国平均水平。通过比较表6-4第二、三列中各地区的资本边际产出和利率水平可以发现，东中西部的利率水平差别不大；而这三个区域在资本边际产出方面则存在较大差异。其中，东部地区的资本边际产出明显领先于中西部地区，这是造成东部地区资本绝对市场化程度低于中西部地区的主要原因。

在行业及企业所有制层面，垄断行业和国有企业的资本价格市场化程度显著低于竞争行业和非国有企业。具体而言，垄断行业和国有企业的资本边际产出即资本实际价格水平均低于竞争行业和非国有企业，尤其是它们的资本边际产出水平比竞争行业和非国有企业少10个百分点左右。可见垄断行业和国有企业未能将资金成本优势成功转化为企业的发展优势，反而因为竞争活力不足、经营效率低等问题，导致其资本边际产出低于竞争行业和非国有企业。

在企业规模层面，大企业的资本价格市场化程度低于中小企业，数值分别为4.85和5.32。其中得益于银行在贷款方面的青睐，大企业与中小企业相比具备资金成本优势。但大企业的资本边际产出值却不如中小企业，根据要素边际报酬递减规律，随着资本数量的增加，其边际产出会呈现递减趋势。现实中，大企业的资本充裕度往往高于中小企业，因而其资本边际产出小于中小企业也是在所难免。

# 第三节　劳动价格市场化程度及其异质性分析

## 一、劳动价格市场化程度测算结果分析

通过将参数估计结果 $\beta = 0.2189$ 代入式（6-3），可以得到每个企业在各年度的劳动边际产出水平 $MP_L$。再将 $MP_L$ 和劳动价格即企业的平均工资（w）代入式（6-5），便可得到每个企业在各年度的劳动价格市场化程度，被低估程度的数值越高，代表劳动价格的市场化程度越低。如表6-5所示，

为了方便观察不同类型企业在劳动价格市场化程度方面的差异性，本部分内容同样从地区层面、行业层面、所有制以及规模层面计算各类企业的劳动价格市场化程度平均值。

表6-5　　　　　劳动价格绝对市场化程度的平均值

| 均值 | | $MP_L$ | $w$ | $AD_L$ |
|---|---|---|---|---|
| 总体 | | 32580 | 10506 | 3.10 |
| 2007 年 | | 29790 | 9534 | 3.13 |
| 2008 年 | | 31010 | 9768 | 3.18 |
| 2009 年 | | 31508 | 10724 | 2.94 |
| 2010 年 | | 32645 | 10763 | 3.03 |
| 2011 年 | | 32847 | 10611 | 3.10 |
| 2012 年 | | 33282 | 10800 | 3.08 |
| 2013 年 | | 34559 | 10909 | 3.17 |
| 2014 年 | | 35002 | 10938 | 3.20 |
| 分地区 | 东部 | 35111 | 11182 | 3.14 |
| | 中部 | 31214 | 10102 | 3.09 |
| | 西部 | 30790 | 10095 | 3.05 |
| 分行业 | 垄断行业 | 33513 | 13990 | 2.40 |
| | 竞争行业 | 31829 | 8125 | 3.92 |
| 分所有制 | 国有企业 | 19501 | 13047 | 1.50 |
| | 非国有企业 | 34117 | 8193 | 4.16 |
| 分企业规模 | 大企业 | 36347 | 10981 | 3.31 |
| | 中小企业 | 31033 | 10034 | 3.09 |

资料来源：根据 STATA 输出结果整理。

如表6-5所示，2007~2014年，劳动价格市场化程度值在3上下波动，年均值为3.10。说明近年来中国工业存在劳动价格被低估的问题，劳动力的实际价格即人均工资水平仅为劳动实际产出的1/3，且这一趋势并未得到有效遏制，反而在近三年来有进一步恶化的倾向。根据我们日常的感受，近年来，工资水平似乎处于不断上涨的态势，人口福利趋于消失，甚至部分企业还出现了"用工荒"现象，种种迹象表明，劳动价格被低估程度应当是得到缓解的。但事实上，根据表6-5中第三列数据，样本考察期内的人均工资水平确实不断上涨。但从第二列数据可知，与此同时随着工业技术水平的进步和劳动者素质的提高，劳动边际产出经历了更加迅猛的攀升，从而导致二者差距越来越大，这便是近年来劳动价格被低估程度不降反升的主要原因。

另外，近年来，东南沿海地区频繁爆发的"用工荒"问题也可以通过劳动价格被低估得到合理的解释。如图 6-1 所示，当劳动需求曲线位于 $D_0$ 左侧即劳动力市场的供需均衡点在 $A$ 点和 $B$ 点之间时，劳动力处于无限供给状态，劳动价格的被低估不会影响劳动力的充足供应。然而一旦劳动需求曲线移动到 $D_0$ 右侧，比如 $D_1$，劳动力的供给弹性开始下降，此时如果继续维持劳动力无限供给时的定价水平，便会产生一个供给缺口（图 6-1 中的 $L_0L_1$），导致企业面临劳动力供给不足的问题。

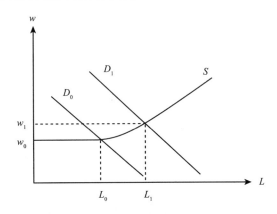

**图 6-1　劳动力市场供求均衡变化**

资料来源：作者绘制。

## 二、劳动价格市场化程度的异质性分析

在企业异质性方面，劳动价格市场化程度在不同地区、不同行业、不同所有制及不同规模企业之间同样表现出显著的差异性。根据表 6-5 中的相关数据，劳动价格被低估程度在地区之间表现为自东部向西部依次递减，也就是说东部地区比中西部地区面临更严重的劳动价格被低估。这主要是由于东部地区凭借其卓越的经济基础、广阔的就业机会以及舒适便捷的交通、医疗等基础设施吸引了更多的人才争相聚集，使得其员工素质和劳动的边际产出水平优于中西部地区。

垄断行业和国有企业的劳动价格被低估程度显著低于竞争行业和非国有

企业。原因是垄断行业和国有企业的工资水平都高出竞争行业和非国有企业将近一倍，其中垄断行业可以凭借其独特的市场地位攫取超额垄断利润，使得其内部员工的工资水平和福利待遇显著高于一般竞争性行业；国有企业则是背负着各种员工福利以及数额庞大的退休职工养老金等体制性包袱，导致其面临较高的劳动成本。不过垄断行业和国有企业在劳动边际产出方面还是存在较大差异的，垄断行业的职工体系具有较强的封闭性，对外部人员往往会设置极高的进入门槛，员工数量明显少于竞争行业，且农民工占比极低。

大企业的劳动边际产出、工资水平以及劳动价格被低估程度均高于中小企业，尤其是它的劳动边际产出水平显著优于中小企业。究其原因，大企业通常是财力雄厚、机械化水平较高的资本及技术密集型企业，而中小企业则以低端的劳动密集型企业为主，使得大企业的人均资本存量即资本深化程度高于中小企业；另外，大企业更容易凭借其较高的行业地位、良好的福利待遇、广阔的发展平台及晋升机会获得优秀专业人才尤其是高校应届毕业生的青睐，从而拥有更加优质的人力资源和较高的劳动边际产出。由表6-5可知，虽然大企业的人均工资水平高于中小企业，但仍不足以抵偿其高出的劳动边际产出，导致大企业的劳动价格被低估程度比中小企业更为严重。

## 第四节  总体市场化程度及其异质性分析

### 一、总体市场化程度测算结果分析

通过将企业资本和劳动价格的市场化程度 $AD_K$、$AD_L$ 代入式（6-6），可以得到传统要素市场化程度 $AD$，该数值越大代表传统要素市场化程度越低。表6-6列出了2007~2014年传统要素市场化程度的平均值以及地区、行业、企业所有制及企业规模层面传统要素市场化程度平均值的差异性。从中可以看出，样本考察期内中国工业要素价格市场化程度的平均值为4.14。意味着平均而言中国工业要素市场价格仅为要素真实成本的25%，说明中国要素市场存在严重的要素价格被低估。其中资本价格和劳动价格的市场化程度平均值分别为5.07和3.10，说明资本价格被低估程度高于劳动价格被低估程度。

表 6 – 6 传统要素市场化程度的平均值

| 均值 | | $AD_K$ | $AD_L$ | $AD$ |
|---|---|---|---|---|
| 总体 | | 5.07 | 3.10 | 4.52 |
| 2007 年 | | 5.43 | 3.12 | 4.77 |
| 2008 年 | | 5.31 | 3.17 | 4.71 |
| 2009 年 | | 5.07 | 2.94 | 4.47 |
| 2010 年 | | 5.36 | 3.03 | 4.69 |
| 2011 年 | | 5.16 | 3.10 | 4.58 |
| 2012 年 | | 4.92 | 3.08 | 4.41 |
| 2013 年 | | 4.80 | 3.17 | 4.36 |
| 2014 年 | | 4.65 | 3.20 | 4.26 |
| 分地区 | 东部 | 5.46 | 3.14 | 4.80 |
| | 中部 | 4.49 | 3.09 | 4.12 |
| | 西部 | 4.06 | 3.05 | 3.80 |
| 分行业 | 垄断行业 | 3.83 | 2.40 | 3.44 |
| | 竞争行业 | 5.66 | 3.92 | 5.20 |
| 分所有制 | 国有企业 | 4.35 | 1.50 | 3.40 |
| | 非国有企业 | 5.49 | 4.16 | 5.15 |
| 分企业规模 | 大企业 | 4.85 | 3.31 | 4.44 |
| | 中小企业 | 5.32 | 3.09 | 4.69 |

资料来源：根据 STATA 输出结果整理。

另外，由图 6 – 2 可知，2007 ~ 2014 年中国工业传统要素市场化程度呈平稳变动趋势，其数值程度始终在 4 上下浮动，资本价格被低估程度始终高于劳动价格及传统要素市场化程度。其中 2008 ~ 2010 年，可能是受到 2008 全球经济危机的影响，传统要素市场化程度以及资本价格、劳动价格的被低估程度均出现小幅震荡，但 2010 年后重新恢复平稳。随着经济体制改革的平稳推进和利率市场化进程的深入，资本价格被低估程度和传统要素市场化程度在近 5 年来均呈现出小幅下降的趋势。但与之相反，劳动价格被低估程度则出现了进一步恶化。这主要是由于近年来劳动者的收入水平虽然出现了显著提高，但受限于劳动者权益保障体制欠缺、劳动者维权意识淡薄等问题，劳动者在劳动力市场上的被动地位并未得到实质改善，工资水平的提升速度始终赶不上劳动生产率的增长速度，导致二者之间的差距进一步拉大。

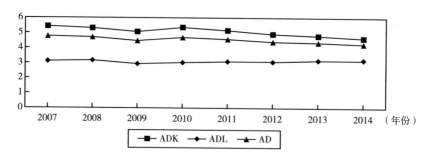

**图 6 - 2    2007~2014 年中国工业要素价格绝对市场化程度变化趋势**

资料来源：根据 STATA 输出结果绘制。

## 二、总体市场化程度的异质性分析

如表 6 - 6 所示，在地区层面，传统要素市场化程度从东至西依次递减，即要素市场化程度从东向西依次递减，这意味着经济越发达的区域，其要素价格尤其是资本价格被低估程度反而越严重。在行业层面，垄断性行业的传统要素市场化程度低于竞争性行业，其中垄断性行业的资本价格被低估程度和劳动价格被低估程度均低于竞争性行业。具体原因已经详细分析过，此处不再赘述。按照企业所有制来区分，国有企业的资本价格和劳动价格被低估程度均低于非国有企业，使得其传统要素市场化程度同样低于非国有企业。按照企业规模来划分，大企业的总体要素被低估程度略低于中小企业。其中其资本价格被低估程度低于中小企业；而劳动价格被低估程度则比中小企业更高。

# 第七章

# 计量模型检验

本章将在测度中国要素市场化程度的基础上，通过建立回归模型来检验要素市场化改革对中国工业企业技术创新投入和创新产出水平的作用效果，从而对机制分析进行实证检验。

## 第一节　研究设计

本节将对实证研究的模型设计、变量的含义及其估计方法、样本和数据的来源等问题进行详细说明，从而勾勒出实证研究的全过程。

### 一、研究模型

为了研究要素市场化改革对中国工业企业技术创新激励有效性的影响，本书构建包含要素市场化程度、企业技术创新激励方式以及企业研发强度的计量模型，并引入要素市场化程度与各类企业技术创新激励方式的交互项。具体模型如下：

$$RD_{ijkt} = \beta_0 + \beta_1 SOI_{it} + \beta_2 PP_{kt} + \beta_3 CR_{jt} + \beta_4 GS_{it} + \beta_5 AD_{it} + \beta_6 SOI_{it} \times AD_{it} + \beta_7 PP_{kt} \times$$
$$AD_{it} + \beta_8 CR_{jt} \times AD_{it} + \beta_9 GS_{it} \times AD_{it} + \beta_{10} Control_{ijkt} + \mu_i + \gamma_t + \varepsilon_{it} \quad (7-1)$$

$$Control_{ijkt} = \alpha_1 Age_{it} + \alpha_2 CI_{it} + \alpha_2 DAR_{it} + \alpha_3 OC_{it} \quad (7-2)$$

其中，下标 $i$、$j$、$k$、$t$ 分别表示企业、行业、省市和年份；被解释变量 $RD$ 表示企业的研发强度；解释变量 $SOI$、$PP$、$CR$、$GS$ 分别代表企业面临的股权激励强度、专利保护强度、行业集中度以及政府补助等各种类型的创新激励方式，其中前两个解释变量用来刻画企业技术创新的产权激励，行业集中度和政府研发支持度则分别代表企业技术创新的市场激励和政府激励；调节变量 *AD* 表示企业面临的要素市场扭曲程度；四个交互项的引入是为了考察要素市场扭曲与各种创新激励方式对企业研发强度的联合影响效应，即要素市场扭曲对各种创新激励方式有效性的调节作用；*Control* 是反映企业内外部特征的一系列控制变量，具体包括企业年龄（*Age*）、资本密集度（*CI*）、资产负债率（*DAR*）、股权集中度（*CR*）；$\mu_i$ 为个体固定效应，控制未观测到的企业特征因素对企业研发强度的影响；$\gamma_t$ 为时间固定效应，控制那些影响企业研发强度，但只随时间变化而与个体特征无关的因素；$\varepsilon_{it}$ 为随机误差项。

## 二、核心变量的定义及其估算

核心变量包括一个被解释变量和四个解释变量，其中被解释变量"企业 R&D 强度"（*RD*）表示企业的技术创新积极性即企业接收到的技术创新激励强度。在四个解释变量中，"股权激励强度"（*SOI*）和"专利保护强度"（*PP*）分别表示股权激励和知识产权激励这两类产权激励的大小；"行业集中度"（*CR*）代表市场结构对企业创新激励的影响；"政府研发支持度"（*GS*）则衡量政府激励的程度。下面对这几个变量的内涵和估算方法分别予以介绍。

### （一）企业 R&D 强度和专利申请数量

迄今为止，学术界对企业技术创新测度达成共识的指标有两大类：一类是创新的起点即投入类指标——企业 R&D 投入；另一类是创新的终点即产出类指标——企业的专利申请、授权和引用数据（安同良和姜妍，2021）。如表 7－1 所示，在以往学者关于企业技术创新激励的实证研究中，绝大多数都是采用"企业 R&D 投入"作为企业技术创新激励的代理变量（弗里曼，1989；李和奥尼尔，2003；周权雄，2010；汤业国和徐向艺，2012；侯晓红和周浩，2014）。这是由于，如文献综述中所言，企业技术创新激励的大小取决于企业的创新能力和创新动力两个方面。其中常用的企业创新能力评价指标有：企业 R&D 投入、发明和专利申请数、新产品产值等（奥德雷奇，1988；Jaffe，1989；吴延兵，2006）。其中后两种评价指标在上市公司数据库中都存在严重缺失，而且用它们作为创新能力（或水平）的衡量指标均存在明显的问题：首先，发明和专利的质量是参差不齐的，仅用数量多少来进行统计掩盖了专利质量的差异性；其次，有相当部分的企业科研成果出于保密性的考虑，并不进行专利申请，而是以非专利技术的形式存在。如果用专利申请数量来衡量创新能力，将遗漏掉这部分技术创新成果；最后，新产品产值并不是对企业创新活动的直接测度。它无法反映能够降低企业成本的生产工艺的技术改进，并且对技术创新的反应存在明显的时滞。与这两类评价指标相比，企业 R&D 投入不存在质量不统一的问题。不同企业之间的 R&D 投入水平可以直接进行比较；而且它是企业技术创新活动的直接测度指标，对创新激励措施的反应几乎不存在时滞；在数据可得性方面，2007 年之后各上市公司在年报中都陆续开始披露"研发费用"这项指标，因此适合用它来衡量企业的技术创新能力。

表 7-1　　　　　　　　　创新激励代理变量的总结

| | 代理变量 | 文献 | 实证方法 |
|---|---|---|---|
| 投入类指标 | R&D 投入 | 格拉博斯基（1968） | 最小二乘回归 |
| | | 李和奥尼尔（2003） | 两阶段最小二乘法（2SLS） |
| | | 杰斐逊等（2006） | 递归方程组 |
| | | 亚历山德里和帕蒂（2014） | 面板随机/固定效应模型 |
| | | 张杰等（2007） | 空间动态博弈模型 |
| | | 周权雄（2010） | 双重任务共同代理模型 |
| | | 汤业国和徐向艺（2012） | 面板随机/固定效应模型 |
| | | 寇宗来和高琼（2013） | 面板 Tobit 模型 |
| | | 侯晓红和周浩（2014） | 最小二乘回归 |
| | R&D 人员 | 安同良等（2009） | 动态不对称信息博弈 |
| 产出类指标 | 专利申请数/引用次数 | 谢勒（1965） | 最小二乘回归 |
| | | 布伦德尔等（1995，1999） | 泊松回归模型 |
| | | 盖尔（2001） | 面板随机/固定效应模型 |
| | | 周黎安和罗凯（2005） | 动态面板模型 |
| | | 吴延兵（2006） | 面板固定效应模型 |
| | 新产品产值 | 格罗斯基（1990） | 面板 Tobit 模型 |
| | | 陈和斯瓦茨（2013） | 豪泰林模型 |
| | | 吴延兵（2006） | 面板固定效应模型 |

资料来源：作者整理。

115

对于企业技术创新动力的研究，以往国内外学者绝大多数致力于创新动力机制的构建（莫瑞和罗森伯格，1979；科恩和莱文塔尔，1989；向刚和汪应洛，2004；冯晓莉，2005；张震宇，2013），相关实证研究则较为缺乏。考虑到企业 R&D 投入是企业根据自身资金状况和发展利益进行自主决策的结果，是创新意愿最直接的反映，因此用它来衡量企业的创新动力具有合理性。在已有的实证研究中，张杰等（2007）就曾将 R&D 投入作为企业创新动力的代理变量，运用空间动态博弈模型考察了领先企业与跟随企业间的技术溢出效应对企业创新动力的影响。因此本书认为，企业 R&D 投入可以用来反映企业所具有的技术创新动力大小。本书选取企业 R&D 投入作为企业技术创新激励的代理变量。另外，为了消除企业规模的影响，用"企业 R&D 强度"即企业研发费用占企业规模①的比重来表示企业 R&D 投入的大小。当然，为了验证实证结果的稳健性，本书将在后面的稳健性检验中用企业专利申请数量来替换企业 R&D 强度。

## （二）股权激励强度

中国企业的股权激励行为最早出现于 20 世纪 90 年代，如上海贝岭、中石化的股票增值权和三木集团、中远发展的业绩股票激励计划等（肖星和陈婵，2013）。但这一阶段的股权激励措施尚处于探索阶段，缺乏完善的规章制度和明确的法规约束。2005 年，国家开始实施股权分置改革后，股权激励问题逐渐引起各界关注。2005 年 12 月 31 日，证监会发布《上市公司股权激励管理办法（试行）》，对上市公司实施股权激励的必备条件（必须先完成股权分置改革）和激励方式（限制性股票、股票期权以及法律和行政法规允许的其他方式）进行了明确规定，中国企业的股权激励机制至此真正实现规范化和普及化发展。

在股权激励强度的测算方面，借鉴周仁俊和高开娟（2012）、肖星和陈婵（2013）等学者的计算方法，用年末经理层持有的股份数占公司总股本的比例来表示股权激励强度。另外，考虑到股权激励对企业 R&D 投入的影响存

---

① 常见的企业规模代理变量有企业总资产、营业收入、员工人数等，考虑到企业营业收入的年度变化幅度往往较大，而员工人数又无法刻画员工质量的差异性，因此本书用总资产来衡量企业规模。但由于企业的总资产通常小于营业收入，因此用总资产技术的企业研发强度值可能高于用营业收入计算的企业研发强度。

在滞后性，因此对股权激励强度进行滞后一期的处理。也就是考察 $t$ 期股权激励强度对 $t+1$ 期 R&D 投入的影响。

### （三）专利保护强度

截至目前，学术界对于专利保护强度的测度主要采用两类方法，分别是直接测算法和间接测算法。其中，直接测算法发端于吉纳特和帕克（Ginarte and Park，1997）的相关研究。他们通过构建包含知识产权保护的覆盖范围、是否为国际条约的成员国、权力丧失的保护、执法措施以及保护期限等五个方面的指标体系（简称"GP 指数"），测算了 1960 ~ 1990 年 120 个国家的知识产权保护强度。然而 GP 指数是建立在司法体系较为健全的前提假设之上的，因而并不适合中国这类司法体系尚不健全的发展中国家。为了克服这一缺陷，国内学者韩玉雄和李怀祖（2005）、许春明和单晓光（2008）、邢斐（2009）等通过将反映执法力度、社会公众意识等的指标加入 GP 指数表达式，不断丰富和完善了直接测算法，使其更加符合中国实际。改良后的专利保护强度计算公式为：

$$P_{jt} = P_{jt}^{G} \times F_{jt} \times S_{jt} \qquad (7-3)$$

其中，$P_{jt}$ 表示地区 $j$ 在 $t$ 时期所面临的专利保护强度，$P^{G}$ 是 GP 指数；$F$ 表示执法力度，分别由社会的法治化程度（用"律师比例"即执业律师人数占总人口的比重来度量）、法律体系的完备程度（用立法时间来衡量）、经济发展水平以及国际社会的监督（将"加入 WTO"的时间长度作为国际社会监督的间接度量指标）等四个细分指标构成。执法力度值等于以上四类指标值的算术平均数；$S$ 代表社会公众的专利保护意识。由于公众的专利保护意识往往与其受教育程度成正比，因此可以用"成人识字率[①]"来进行度量。

间接测算法是一种比较新的方法。它是指用当地技术交易市场成交额作为地区专利保护强度的代理变量，来间接估算专利制度的有效性。用这种方法来度量专利保护强度有其必要性和可行性。首先，从专利成果的制度属性来看，它既是一种特殊的产权制度（具有无形性和法定时间性），又是一种

---

① "成人识字率"等于 1 减去 15 岁以上（包含 15 岁）文盲及半文盲人口占 15 岁以上（包含 15 岁）总人口的比例。

对契约环境要求极高的契约密集型合同。也就是说，专利保护制度的实施机制是否健全对专利制度有效性有着极大的影响。结合中国的实际情况，虽然在立法权高度集中的法律体系下，各地区在专利保护立法层面几乎是等同的，但在实施机制层面即在司法环节却存在较大差异。然而这种差异性恰恰是难以用几项简单的指标来衡量的。其次，在中国这种各省级行政区之间通过"官员晋升锦标赛"的方式来争相发展地方经济的特殊政治生态下，知识产权执法过程中的"司法地方保护"现象在各地区普遍存在（李善同等，2004）。这导致《中国知识产权年鉴》中有关知识产权司法环节的数据如地区知识产权纠纷立案数、结案数等指标的真实性值得商榷（胡凯等，2012）。再次，技术交易市场是专利权进行交易的主要场所。那么结合中国民事诉讼法在地域管辖方面的"原告就被告"原则，只有当外地企业对本地知识产权的司法公正性有信心时，才愿意在本地技术交易市场上与本地企业进行专利权交易。由此可见，地区技术交易市场成交额能够客观反映该地区专利法在司法环节的有效性。最后，正如哈耶克（2003）关于"市场中的价格包含了与供求有关的所有信息"的论断一样，技术交易市场作为专门从事专利权交易的要素市场，其成交额同样包含了与专利保护相关的所有信息，如专利权的市场价值、专利交易双方对当地专利保护的信任度等，因此可用它来度量地区专利保护强度。

直接测算法虽然在计算原理上简单直接，但在计算过程中涉及众多细分变量，且大多数细分变量的数值无法直接观测（如社会的法治化程度、法律体系的完备程度、国际社会的监督、公众的专利保护意识等），需要选择合适的代理变量，这就难免导致估算方法的主观性过强且估算误差较大。与之相比，间接测算法具有客观性、综合性、结果性的优点，它既避免了主观构造庞杂的指标体系，又包含了专利成果交易过程的各种信息，同时还无需追溯影响专利保护程度的各类因素。因此其估算结果具有较强的科学性和准确性，近年来受到广泛应用。本书将借鉴胡凯等（2012）的做法，采用间接测算法来估算中国各省市的专利保护强度，其数值等于各省市技术交易成交合同金额与地区GDP的比值。

（四）行业集中度

根据机制分析部分对市场激励有效性的研究可知，市场对企业创新活动的激励作用大小主要由市场的两方面属性决定：一是市场机制的健全程度；二是市场结构的竞争程度。其中市场机制的健全程度通常用"市场化指数"（冯宗宪等，2011；孙早等，2014）这一指标来度量。当市场化指数越高时，市场机制越能有效发挥其自动调节作用，使产品和要素的供求及价格水平达到均衡状态，从而使市场机制对企业技术创新活动的激励功能得到充分发挥。但考虑到要素市场扭曲程度本身就是对市场化程度的一种反映，因此为了避免解释变量之间的多重共线性问题，本书不再将市场化指数作为解释变量。市场结构因素通常用"行业集中度"来衡量。行业集中度越高，说明该行业的市场结构中的垄断因素越强，竞争性越弱。常用的行业集中度计算方法主要有两种，一种是计算行业中市场份额排名前几位企业的销售额之和占行业总销售额的比重。这种方法简便易行，但计算结果极易受到企业数量的影响，且只能反映行业内前几名企业的垄断程度；第二种方法被称为"赫芬达尔－赫希曼指数（HHI）"。它是用行业中所有企业的市场份额的平方和来表示行业的垄断程度。这种方法不受企业数量及其规模分布的影响，而且能够反映出整个行业的市场结构状况。因此，被学者们认为是行业集中度度量方面较为科学的一种方法。行业 $j$ 在 $t$ 期的 HHI 指数的计算公式为：

$$HHI_{jt} = \sum_{i=1}^{n} \left( S_{it} / \sum S_{it} \right)^2 \qquad (7-4)$$

其中，$HHI_{jt}$ 表示行业 $j$ 在 $t$ 期的 HHI 指数，$n$ 为行业内的企业个数，$S_{it}$ 表示企业 $i$ 在 $t$ 期的年销售额，则（$S_{it} / \sum S_{it}$）就是行业 $j$ 中企业 $i$ 在 $t$ 期所占的市场份额。本书用营业收入来表示企业的年销售额。HHI 的数值在 $[1/n, 1]$ 之间变动。当 HHI = 1 时，说明该行业由一家企业完全垄断；当 HHI = $1/n$ 时，则表明行业内的 $n$ 家企业平分了全部市场份额，行业处于完全竞争状态；HHI 数值越大，意味着该行业的垄断性越强。

（五）政府研发支持度

政府激励企业技术创新的手段包括财政补贴、税收优惠、政府采购、信贷政策以及风险投资政策。然而根据目前中国的具体情况，财政补贴一直是力度最大、连贯性和针对性最强的政府激励手段。其他几项激励措施要么因政策条款过粗而导致政策针对性不强，如税收优惠和信贷政策；要么尚未形成气候便遭遇夭折，如政府采购[①]；要么仍处于政策探索时期，如风险投资政策。因此在实证分析过程中，本书选择"政府 R&D 补助"作为政府激励的代理变量，来探讨要素市场扭曲情况下政府激励对不同类型企业的技术创新激励效果。为了消除企业规模的影响，用政府补助占企业总资产的比例来表示政府补贴的大小。考虑到政府补助对企业 R&D 投入的影响存在滞后性，因此对其进行滞后一期的处理。也就是考察 $t$ 期政府补助对 $t+1$ 期 R&D 投入的影响。

### 三、控制变量的说明

参考贝布丘克（Bebczuk，2002）、吴延兵（2009）、张化尧和史小坤（2009）等学者的相关研究，选取企业的资本结构、股权结构、FDI 等影响企业技术创新激励的内外部因素作为模型的控制变量。接下来对这些变量的内涵和计算方法分别予以说明。

**1. 企业年龄（Age）**

究竟是新企业还是老企业更倾向于开展研发创新活动，一直以来都是技术创新理论讨论的重点问题之一（安田，2005；张杰等，2012）。新企业和老企业在技术创新方面各有优势：与老企业相比，新企业通常更富创新意识和创业精神；与新企业相比，老企业拥有更加丰厚的资金和技术积累，从而更具创新实力。

**2. 企业的资本密集度（CI）**

企业资本密集度（capital intensity）也就是企业的人均资本存量，它等于企业固定资产与员工人数的比值。资本密集度越高，说明企业的资本深化程度越高。资本密集度是企业 R&D 投入影响因素研究中常用的一项控制变量。一般认为，资本密集型企业比劳动密集型企业更加注重 R&D 投入及研发创新活动（张杰等，2012；杨洋等，2015）。

**3. 企业的资本结构（DAR）**

资本结构衡量了企业债务资本和股权资本的比例关系。从资源基础观的

---

① 在美欧等西方发达国家，政府采购是最重要的政府激励工具，但中国政府直至 2006 年才将"促进自主创新"作为政府采购的政策目的之一，且迫于国际压力，已于 2011 年停止一切促进创新的政府采购政策。因此本文在实证部分不再对政府采购的创新激励效应进行测度。

角度来讲，资本结构在很大程度上决定了企业的偿债能力和融资能力，进而对企业的技术创新能力产生重要影响。大多数学者的相关研究表明，高负债率会使企业面临较大的经营压力。因此企业的负债率越高，越倾向于缩减研发支出、减少技术创新活动（细野等，2004；辛格和费尔布朗德，2005；汪晓春，2002；王任飞，2005；柴斌锋，2011）。然而也有个别学者认为，负债率越高的企业越需要通过提高长期盈利能力来改善企业的资本结构，因此将更热衷于能够提升企业长远竞争力的技术创新活动（王新红和甄程，2011）。本书用企业的"资产负债率"（Debt-to-assets ratio，DAR）即企业年末负债总额与年末资产总额的比值来描绘企业的资本结构。该数值越大，代表企业的负债率越高。

### 4. 企业的股权集中度（OC）

"股权集中度（$OC_n$）"是指公司前 $n$ 大股东的总持股数占公司总股本的比例，它衡量了公司的股权分布形态。与股权激励强度一样，都是考察公司治理状况的重要指标。学术界对于什么样的股权结构最有利于企业开展技术创新活动这一问题存在不同的见解。施勒里弗（Shlerifer，1997）研究发现，股权集中度越高的企业，其技术创新的积极性越强。原因在于较高的股权集中度可以增强大股东对经理层的监督能力，从而促使经理层更加关注企业的长远利益，并因此而增加技术创新投入。然而，杨建军和盛锁（2007）等的实证研究却得出了相反的结论。其原因可能在于，股东作为公司的投资者，需要承担技术研发失败所造成的损失。当企业的股权集中度较高时，大股东所承担的创新风险很大。因此容易对研发投入持保守态度，从而导致企业技术创新积极性的降低。还有个别研究得出了企业股权集中度与技术创新呈倒 U 型关系的结论（任广乾和王昌明，2007；冯根福和温军，2008），即过度分散或过于集中的股权结构都不利于企业的技术创新活动。股权过度分散容易引发内部人控制；股权过于集中又容易导致大股东一手遮天、侵害小股东及公司利益的行为；而适度的股权集中度既能使股东对经理层实现有效监督，又能防止大股东一家独大，最有利于激发企业的技术创新行为。本书用"前十大股东持股比例（$OC_{10}$）"来测度企业的股权集中度。该数值越大，说明企业的股权集中度越高。表 7−2 整理了回归模型中所有变量的内涵及其估计方法。

表 7 - 2 变量的内涵及其估计方法的说明

| 变量类型 | 变量名称 | 符号 | 说明 |
|---|---|---|---|
| 被解释变量 | R&D 强度 | *RD* | 企业 R&D 投入占企业总资产的比重 |
| 解释变量 | 股权激励强度 | *SOI* | 管理层持股数占公司总股本的比例 |
| | 专利保护强度 | *PP* | 各省市技术交易成交合同金额与地区 GDP 的比值 |
| | 行业集中度 | *HHI* | 行业中所有企业市场份额的平方和 |
| | 政府补助 | *GS* | 政府补助金额占企业总资产的比重 |
| 控制变量 | 企业年龄 | *Age* | 企业从成立之日起到 2014 年底的年数 |
| | 企业资本密集度 | *CI* | 企业资本存量与员工人数的比值 |
| | 企业资产负债率 | *DAR* | 企业年末负债总额与年末总资产的比值 |
| | 企业股权集中度 | *OC* | 前十大股东持股比例 |

资料来源：作者整理。

## 四、样本及数据来源

在样本选择方面，实证分析与要素市场化程度测算过程中所使用的考察期及样本企业保持一致，均是采用 2007 ~ 2014 年 1989 家沪深两市工业上市企业的面板数据。在数据来源方面，要素市场化程度来自第五章的相关估计结果。企业 R&D 投入、企业总资产、股权激励方案及经理层持股数、企业销售额、政府补助、企业年龄、资产负债率、股权集中度等企业财务指标均来自 Wind 数据库；各省市的人均 GDP 以及各类物价指数均来自相应年份的《中国统计年鉴》；各省市的技术交易成交合同金额来自相应年份的《中国科技统计年鉴》；各行业的长期负债（即负债总额减去流动负债）、固定资产原值、规模以上外商投资和港澳台商投资工业企业以及所有规模以上企业的工业销售产值来自相应年份的《中国工业统计年鉴》；各省市的金融市场化程度来自樊纲等编制的《中国市场化指数：各地区市场化相对进程 2011 年报告》。另外，为了保持行业分类的前后一致性，将 2011 年之前的橡胶制品业和塑料制品业合并为橡胶和塑料制品业，将汽车制造业与铁路、船舶、航空航天和其他运输设备制造业合并为交通运输设备制造业；同时删掉严重不符合现实情况的数据，如政府补助金额小于 0、经理层持股比例大于 1 等。

## 五、变量的描述性统计与相关性分析

表 7-3 汇总了模型中被解释变量、解释变量以及所有控制变量的观测个数、样本均值、标准差、最小值和最大值等标识属性统计指标。可以看出，样本企业的研发强度平均值为 0.0232。也就是说平均而言企业 R&D 投入占企业总资产的比重为 2.32%。这与国际公认的 4% 的适度研发强度值仍有不小差距，而且企业之间在研发强度方面的差距是相当大的。研发强度最高的企业的研发强度值高达 40.96%，最低的企业却只有 0.000025%；要素市场化程度的样本均值为 3.87。说明平均而言样本企业的要素边际产出是要素价格的将近 4 倍，绝大多数企业面临要素价格被低估。当然从最小值为 0.0022 < 1 可以看出，个别企业存在要素价格被高估。其他变量的描述性统计特征及其含义不再赘述。

表 7-3                 变量的描述性统计结果

| 变量名 | 观测个数 | 样本均值 | 标准差 | 最小值 | 最大值 |
|---|---|---|---|---|---|
| RD | 11490 | 0.0232 | 0.0214 | $2.51 \times 10^{-7}$ | 0.4096 |
| SOI | 10145 | 0.0529 | 0.1307 | $2.54 \times 10^{-9}$ | 0.9426 |
| PP | 15840 | 0.0131 | 0.0284 | 0.0002 | 0.1471 |
| HHI | 15904 | 0.1362 | 0.1520 | 0.0146 | 0.7350 |
| GS | 13338 | 0.0129 | 0.1198 | $1.55 \times 10^{-7}$ | 9.0365 |
| AD | 13728 | 3.8692 | 3.5244 | 0.0022 | 50.12 |
| BD | 15912 | 1.1850 | 0.0756 | 1 | 1.3292 |
| Age | 15830 | 13 | 5.4112 | 1 | 55 |
| CI | 14051 | 546141 | 4.6435 | 659.13 | $3.38 \times 10^{8}$ |
| DAR | 14789 | 0.5196 | 2.0416 | 0.0071 | 1.2402 |
| OC | 11503 | 0.5819 | 0.1653 | 0.0359 | 1.0001 |

资料来源：根据 STATA 输出结果整理。

在变量的相关性方面，由表 7-4 中的数据可知，模型中所有变量之间的相关系数均在 0.3 以下。且根据 STATA 软件的输出结果，各相关系数的 $P$ 值均在 5% 的检验水平下具有显著性。进一步地，通过 VIF 检验发现，所有变量的方差膨胀因子均在 10 以下，且方差膨胀因子的均值仅为 2.32。综上所述，模型中存在多重共线性问题的可能性非常低①。

表 7 - 4　　　　　　　　变量的相关系数估计结果

| 变量 | RD | SOI | PP | HHI | GS | AD | Age | CI | DAR | OC |
|------|------|------|------|------|------|------|------|------|------|------|
| RD | 1 | | | | | | | | | |
| SOI | 0.13 | 1 | | | | | | | | |
| PP | 0.09 | 0.02 | 1 | | | | | | | |
| HHI | 0.10 | - 0.01 | 0.08 | 1 | | | | | | |
| GS | - 0.002 | - 0.007 | 0.002 | 0.02 | 1 | | | | | |
| AD | 0.19 | 0.01 | 0.05 | 0.03 | 0.008 | 1 | | | | |
| Age | - 0.03 | - 0.15 | - 0.05 | - 0.06 | 0.007 | 0.01 | 1 | | | |
| CI | - 0.13 | - 0.06 | 0.04 | - 0.06 | 0.0005 | - 0.18 | 0.05 | 1 | | |
| DAR | - 0.22 | - 0.30 | - 0.05 | - 0.06 | - 0.003 | 0.06 | 0.16 | 0.13 | 1 | |
| OC | 0.09 | 0.19 | 0.06 | 0.005 | - 0.009 | 0.09 | - 0.26 | 0.003 | - 0.22 | 1 |

资料来源：根据 STATA 输出结果整理。

# 第二节　要素市场化程度影响企业技术创新的总效应

为了考察要素市场化程度对企业技术创新的影响方向及其作用大小，需要对回归模型中各项解释变量的系数值进行恰当的估计。为此，本节将对整个面板数据进行计量回归，以测度要素市场化程度影响企业技术创新激励的总效应。为了获得较为稳健的系数估计结果，将先后使用固定效应模型、面板 Tobit 模型以及工具变量 2SLS 模型对面板数据进行计量回归。

---

①　为了防止引入交互项之后，原变量同与之相关的交互项之间发生多重共线性，本书遵循其他学者对该问题的一贯方法，对相关变量进行"中心化"处理，也就是将相关变量的原数值减去其样本均值后再构造交互项。

## 一、初步估计结果分析

在估计之前，首先需要确定应该使用混合最小二乘估计、固定效应模型还是随机效应模型。在将全部控制变量引入后，F 统计量值为 31.68，对应的 P 值为 0.0000，因此可以认为固定效应模型估计优于混合最小二乘估计；进一步地，Hausman 检验的 $\chi^2$ 统计量为 365.99，P 值为 0.0000，因此在固定效应模型和随机效应模型之间应当选择前者。综上所述，选用固定效应模型对面板数据进行初步估计。

### （一）一次项估计结果

表 7-5 中的模型（1）是引入交互项和控制变量之前的初步估计结果。表中相应数据显示，在显著性方面，核心解释变量股权激励强度（SOI）、专利保护强度（PP）、行业集中度（HHI）的系数均在 1% 的检验水平下显著；政府补助（GS）的系数则是在 10% 的检验水平下具有显著性。在作用方向上，由参数估计结果的正负号可知，股权激励强度、专利保护强度和政府补助对企业研发强度的影响为正向的；而行业集中度和要素市场化程度对企业研发强度的作用是负向的。在作用大小上，股权激励强度每增加 1 个单位，可使企业的研发强度提升 0.054 个单位。说明通过在企业内部采取股权激励方案确实可以提升中国工业企业的技术创新积极性；专利保护强度提高 1 个单位，可使企业研发强度提升 0.271 个单位。可见专利保护强度的提高能够显著增强中国工业企业的创新积极性。这意味着整体而言，现阶段，我国的知识产权保护存在强度不足的问题，专利保护制度有待进一步完善；行业集中度增加 1 个单位，会导致企业研发强度下降 0.202 个单位。说明企业所处行业的垄断因素越强，会导致企业自身的创新积极性越弱；政府补助每提高 1 个单位，能够使企业的研发强度提升 0.011 个单位。说明目前的政府补助政策对中国工业企业的技术创新活动起到了一定的积极作用。综合以上三方面特征，可以推断，企业技术创新激励体系中的股权激励、知识产权激励措施以及政府补助政策均对企业的技术创新积极性产生了促进作用。其中，专利保护制度的创新激励效果最强，政府补助的创新激励

效果则是最弱；在行业集中度越高即垄断性越强的行业中，企业的研发积极性越弱。

表7－5                   固定效应模型的参数估计结果

| 模型<br>变量 | （1） | （2） | （3） | （4） | （5） | （6） |
|---|---|---|---|---|---|---|
| 股权激励强度<br>（SOI） | 0.054 ***<br>（2.72） | 0.066 **<br>（2.38） | 0.046 *<br>（1.68） | 0.046 *<br>（1.68） | 0.046 *<br>（1.71） | 0.050 *<br>（1.86） |
| 专利保护强度<br>（PP） | 0.271 ***<br>（9.36） | 0.285 ***<br>（9.18） | 0.237 ***<br>（4.23） | 0.237 ***<br>（4.24） | 0.237 ***<br>（4.23） | 0.234 ***<br>（4.13） |
| 行业集中度<br>（HHI） | －0.202 ***<br>（－6.71） | －0.168 ***<br>（－4.64） | －0.166 *<br>（－1.81） | －0.166 *<br>（－1.81） | －0.167 *<br>（－1.84） | －0.174 **<br>（－2.01） |
| 政府补助<br>（GS） | 0.011 *<br>（1.90） | 0.036 **<br>（2.10） | 0.022 **<br>（2.30） | 0.021 **<br>（2.30） | 0.022 **<br>（2.33） | 0.023 **<br>（2.36） |
| 要素市场化<br>程度（AD） | －0.013 ***<br>（－3.68） | －0.015 ***<br>（－3.88） | －0.015 ***<br>（－4.35） | －0.014 ***<br>（－4.32） | －0.015 ***<br>（－3.96） | －0.015 ***<br>（－3.76） |
| $SOI \times AD$ | | －0.017 **<br>（－2.10） | －0.015 *<br>（－1.91） | －0.014 *<br>（－1.91） | －0.014 *<br>（－1.80） | －0.017 *<br>（－1.87） |
| $PP \times AD$ | | －0.128 **<br>（－1.96） | －0.123<br>（－1.06） | －0.123<br>（－1.06） | －0.120 *<br>（－1.94） | －0.126 **<br>（－2.00） |
| $HHI \times AD$ | | －0.014 *<br>（－1.73） | －0.011 **<br>（－2.23） | －0.011 **<br>（－2.23） | －0.010 **<br>（－1.98） | －0.012 **<br>（－1.88） |
| $GS \times AD$ | | －0.008 *<br>（－1.83） | －0.010 **<br>（－2.09） | －0.010 **<br>（－2.09） | －0.011 ***<br>（－3.14） | －0.011 ***<br>（－2.71） |
| 企业年龄<br>（Age） | | | 0.012 ***<br>（13.43） | 0.012 ***<br>（13.44） | 0.012 ***<br>（13.83） | 0.013 ***<br>（13.93） |
| 资本密集度<br>（CI） | | | | －0.101<br>（－0.46） | －0.124<br>（－0.38） | －0.115<br>（－0.49） |
| 资产负债率<br>（DAR） | | | | | －0.066 ***<br>（－4.11） | －0.058 ***<br>（－3.57） |
| 股权集中度<br>（OC） | | | | | | 0.060 **<br>（2.55） |
| 个体 | 控制 | 控制 | 控制 | 控制 | 控制 | 控制 |
| 年份 | 控制 | 控制 | 控制 | 控制 | 控制 | 控制 |

| 模型\变量 | (1) | (2) | (3) | (4) | (5) | (6) |
|---|---|---|---|---|---|---|
| 观测值个数 | 6497 | 6497 | 6497 | 6497 | 6497 | 6496 |
| $R^2$ | 0.037 | 0.038 | 0.072 | 0.072 | 0.075 | 0.076 |
| Hausman 检验 | 242.53 [0.00] | 249.92 [0.00] | 368.25 [0.00] | 362.40 [0.00] | 364.41 [0.00] | 365.99 [0.00] |

注：括号内为估计系数对应的 $t$ 统计量，$*$、$**$ 和 $***$ 分别表示在 10%、5% 和 1% 的显著性水平下具有统计显著性，[ ] 内为相应统计量的 $P$ 值，下同。

资料来源：根据 STATA 估计结果整理。

值得注意的是，要素市场化程度（AD）的系数值同样在 1% 的检验水平下具有显著性。这意味着在不考虑要素市场化对各种创新激励手段有效性影响的情况下，要素市场扭曲自身与企业研发强度依然存在显著的反向关系。也就是说，要素价格被低估会直接导致企业技术创新积极性受挫。根据对于市场激励作用机制的相关探讨，在健全的市场机制下，产品和要素市场上的供求状况能够通过价格信号充分传导至微观企业，使得企业实现创新资源的最优配置。然而当要素市场发育不完全、要素价格存在市场化时，要素市场化对价格机制的"信号干扰效应"会导致要素价格信号失真，从而削弱了市场机制对企业技术创新的激励作用。在这个作用机制中，要素市场化只是市场机制不健全的一种表现和直接后果。总之，要素市场化的系数估计值显著为负这一计量结果恰好验证了本书关于"健全的市场机制对企业技术创新具有正向激励作用"的论断。

## （二）引入交互项后的估计结果

接下来通过引入要素市场化与各种创新激励方式的交互项，来考察要素市场扭曲对各类创新激励手段有效性的影响。如表 7 - 5 中的模型（2）所示，在引入交互项后，一次项的参数估计值及其显著性并未发生明显变化。从各交互项参数估计结果的显著性及正负号来看，要素市场化对所有创新激励措施均存在显著的负向调节作用。说明要素市场化会对各种创新激励方式的有效性造成不利影响，且要素价格被低估程度越深，这种负面影响效应越大。下面结合各变量一次项系数估计值的正负号来分别探讨各交互项系数估计值的含义：

　　要素市场化与股权激励强度交互项的系数估计值为 -0.017。意味着要素价格被低估程度每增加 1 个单位，会导致股权激励强度对企业研发强度的正向作用减少 0.017 个单位；要素市场扭曲与专利保护强度交互项的系数估计值为 -0.128。意味着要素价格被低估程度每增加 1 个单位，会导致知识产权保护对企业研发强度的正向作用减少 0.128 个单位；要素市场化与政府补助交互项的系数估计值为 -0.008。意味着要素价格被低估程度每增加 1 个单位，会导致政府补助对企业研发强度的正向作用减少 0.008 个单位；要素市场化与行业集中度交互项的系数估计值为 -0.014。意味着要素价格被低估程度每增加 1 个单位，会导致垄断因素对企业研发强度的负向作用增加 0.014 个单位。也就是说要素价格被低估越严重，垄断行业的企业与竞争行业的企业之间在技术创新激励方面的差异性就越大。这表明要素市场扭曲对企业技术创新激励的负面影响存在行业差异。在垄断性越强的行业中，要素价格被低估对企业创新激励的削弱作用越大，这与第四章的分析结果保持一致。再结合第五章中要素市场市场化程度的行业差异性可知，垄断行业的要素价格被低估程度值虽然低于竞争行业，但垄断行业中要素价格被低估对企业创新激励造成的不利影响却不一定小于竞争行业。

## （三）引入控制变量后的估计结果

　　为了增强估计结果的可靠性，本书将逐个引入企业年龄（Age）、资本密集度（CI）、资产负债率（DAR）以及股权集中度（OC）等控制变量。表 7 - 5 中的模型（3）~（6）展示了相应的参数估计结果。通过比较可以看出，控制变量的引入并未对之前的估计结果造成不利影响，各变量的参数估计值及其显著性基本维持不变，可见原先的估计结果具有较高的稳定性。对于控制变量的估计结果，企业年龄、资产负债率和股权集中度均对企业研发强度产生显著影响。其中企业年龄越大，越倾向于增加研发投入。这是由于存续期越长的企业通常拥有更加深厚的物质和知识积累，从而更具创新实力；资产负债率越高的企业越不热衷于研发活动。原因在于负债率较高的企业在面临研发决策时，更加惧怕创新活动的高风险性；股权集中度越高的企业，其研发强度也越高。原因可能是较高的股权集中度有利于大股东行使对经理层的监督权，从而促使经理层开展对企业长远发展具有重要作用的创新活动。企业的资本密集度对研发强度不存在显著影响。说明企业的研发积极性与企业的要素密集度之间没有必然的因果关系，资本密集型企业不见得比劳动密集型企业更热衷于技术创新活动。

## 二、Tobit 模型估计结果分析

由于实证模型的被解释变量——研发强度是指企业 R&D 投入占企业总资产的比例，因而其取值应当位于[0，1]这一区间内。结合表 7-3 的描述性统计结果，研发强度的最小值为 $2.51 \times 10^{-7}$，最大值为 0.4096，可见该面板数据属于受限因变量模型。这意味着需要采用 Tobit 模型来克服面板固定效应模型导致的有偏估计问题。然而对于面板数据而言，Tobit 模型只有随机效应模型而无固定效应模型。为此，接下来本书将采用面板 Tobit 随机效应模型重新对面板数据进行估计。然后与前文中的固定效应模型估计结果进行对比，从而考察估计结果的稳健性。

通过比较表 7-6 与表 7-5 的估计结果，发现模型关键变量的系数估计值及其显著性是基本一致的。总之，本书的面板数据模型对于 Tobit 随机效应模型和固定效应模型的选择是不敏感的，固定效应模型的估计结果具有较高的稳健性。

表 7-6           Tobit 随机效应模型的参数估计结果

| 模型<br>变量 | (1) | (2) | (3) | (4) | (5) | (6) |
|---|---|---|---|---|---|---|
| 股权激励强度<br>（SOI） | 0.026<br>(1.63) | 0.023 **<br>(2.01) | 0.038 *<br>(1.65) | 0.037<br>(1.61) | 0.036 *<br>(1.71) | 0.036 *<br>(1.72) |
| 专利保护强度<br>（PP） | 0.179 ***<br>(6.36) | 0.181 ***<br>(5.94) | 0.245 ***<br>(5.61) | 0.264 ***<br>(5.77) | 0.219 ***<br>(5.53) | 0.214 ***<br>(5.48) |
| 行业集中度<br>（HHI） | -0.169 ***<br>(-3.07) | -0.144 *<br>(-1.73) | -0.112<br>(-0.42) | -0.114 *<br>(-0.50) | -0.124<br>(-0.83) | -0.127 *<br>(-1.71) |
| 政府补助<br>（GS） | 0.009 *<br>(1.78) | 0.046 **<br>(2.51) | 0.052 *<br>(1.70) | 0.052 *<br>(1.70) | 0.054 *<br>(1.79) | 0.054 *<br>(1.79) |
| 要素市场化<br>程度（AD） | -0.005 ***<br>(-7.54) | -0.007 ***<br>(-6.37) | -0.007 ***<br>(-6.38) | -0.007 ***<br>(-6.14) | -0.006 ***<br>(-5.68) | -0.006 ***<br>(-5.52) |

续表

| 变量＼模型 | (1) | (2) | (3) | (4) | (5) | (6) |
|---|---|---|---|---|---|---|
| $SOI \times AD$ | | −0.011 ** (−2.01) | −0.010 * (−1.71) | −0.016 * (−1.73) | −0.011 ** (−2.10) | −0.012 * (−1.77) |
| $PP \times AD$ | | −0.125 * (−1.73) | −0.128 ** (−2.49) | −0.129 ** (−2.57) | −0.127 ** (−2.42) | −0.126 ** (−2.42) |
| $HHI \times AD$ | | −0.017 * (−1.74) | −0.018 ** (−2.64) | −0.017 ** (−2.55) | −0.014 * (−1.94) | −0.014 * (−1.88) |
| $GS \times AD$ | | −0.012 ** (−2.30) | −0.014 * (−1.73) | −0.014 * (−1.79) | −0.015 * (−1.68) | −0.015 * (−1.67) |
| 企业年龄 ($Age$) | | | 0.016 *** (9.73) | 0.016 *** (9.76) | 0.016 *** (10.68) | 0.017 *** (10.72) |
| 资本密集度 ($CI$) | | | | −0.116 (−0.69) | −0.101 (−0.68) | −0.101 (−0.69) |
| 资产负债率 ($DAR$) | | | | | −0.111 *** (−9.39) | −0.108 *** (−8.97) |
| 股权集中度 ($OC$) | | | | | | 0.029 * (1.67) |
| 个体 | 控制 | 控制 | 控制 | 控制 | 控制 | 控制 |
| 年份 | 控制 | 控制 | 控制 | 控制 | 控制 | 控制 |
| 观测值个数 | 6497 | 6497 | 6497 | 6497 | 6497 | 6496 |
| Log likelihood | −19014.07 | −19016.80 | −19064.94 | −19071.73 | −19155.19 | −19113.22 |

资料来源：根据 STATA 估计结果整理。

## 三、内生性问题的考察

本模型的被解释变量研发强度与关键解释变量要素市场化程度之间可能存在反向因果关系。原因在于，企业研发强度的提高即研发积极性的增强有助于提升企业的技术创新水平和生产效率。当全社会工业企业的创新实力和发展水平普遍提高时，便会对产品和要素市场的市场化水平形成倒逼机制，促使政府加快要素市场化改革的步伐，从而为企业进一步发展营造更加公平便利的市场环境，这将对要素市场化程度的缓解产生积极作用；当然，企业创新能力的提升也可能对要素市场化造成不利影响。因为随着企业创新能力和竞争力的提升，企业将拥有更加丰富的冗余资源，这有可能引发要素市场上更为严重的寻租行为和要素市场扭曲问题。总之，模型存在因自变量与因变量之间的双向因果关系而导致的内生性风险。为此，需要构造恰当的工具变量对模型进行两阶段最小二乘估计（2SLS）。

借鉴以往学者在要素市场化回归模型估计中的相关经验，构造$(AD_{it} - A\bar{D}_{it})^3$作为$AD_{it}$的工具变量（勒贝尔，1997；陈艳莹和王二龙，2013）。这一工具变量的优点在于，可以在不增加模型变量个数的前提下，同时满足与模型中的残差项无关且与内生解释变量相关的基本要求。通过对工具变量 2SLS 回归和面板数据 GLS 回归的估计结果进行 Hausma 检验，发现所有模型的 Hausma 检验对应的 $P$ 值均小于 0.05，可见模型确实存在内生性问题。接下来将通过"识别不足检验"和"弱工具变量检验"来验证本书所选工具变量的合理性。如表 7 - 7 所示，首先从识别不足检验的估计结果来看，Anderson canon. corr. LM 统计量的 $P$ 值均为 0.0000，说明应当拒绝不可识别的原假设；其次，Cragg-Donald Wald F 统计量也远远大于 Stock-Yogo 检验 10% 水平下的临界值，因此可以拒绝弱工具变量的原假设。综上所述，本书构造的工具变量是合理的。

表 7 - 7 　　　　　　　　工具变量 2SLS 模型的参数估计结果

| 模型<br>变量 | (1) | (2) | (3) | (4) | (5) | (6) |
|---|---|---|---|---|---|---|
| 股权激励强度<br>（SOI） | 0.071 ***<br>(4.15) | 0.082 ***<br>(2.87) | 0.062 **<br>(2.21) | 0.062 **<br>(2.20) | 0.062 **<br>(2.20) | 0.065 *<br>(2.32) |
| 专利保护强度<br>（PP） | 0.273 ***<br>(9.43) | 0.273 ***<br>(8.70) | 0.227 ***<br>(3.88) | 0.227 ***<br>(3.89) | 0.228 ***<br>(3.90) | 0.224 ***<br>(3.81) |
| 行业集中度<br>（HHI） | − 0.146 ***<br>( − 5.82) | − 0.161 ***<br>( − 3.35) | − 0.111 ***<br>( − 2.71) | − 0.111 ***<br>( − 2.70) | − 0.109 ***<br>( − 2.66) | − 0.114 ***<br>( − 2.76) |
| 政府补助<br>（GS） | 0.029 ***<br>(3.09) | 0.032 **<br>(2.16) | 0.036 **<br>(2.05) | 0.034 **<br>(2.05) | 0.035 **<br>(2.10) | 0.036 **<br>(2.14) |
| 要素市场化<br>程度（AD） | − 0.011<br>( − 1.56) | − 0.011 **<br>( − 2.15) | − 0.016 **<br>( − 2.33) | − 0.012 **<br>( − 2.34) | − 0.013 **<br>( − 2.25) | − 0.015 **<br>( − 2.25) |
| $SOI \times AD$ | | − 0.017 **<br>( − 2.36) | − 0.019 *<br>( − 1.72) | − 0.019 *<br>( − 1.71) | − 0.018 **<br>( − 2.54) | − 0.018 **<br>( − 2.57) |

续表

| 变量 \ 模型 | (1) | (2) | (3) | (4) | (5) | (6) |
|---|---|---|---|---|---|---|
| $PP \times AD$ | | -0.161 * <br> (-1.91) | -0.146 ** <br> (-2.24) | -0.146 ** <br> (-2.22) | -0.137 ** <br> (-2.27) | -0.134 ** <br> (-2.15) |
| $HHI \times AD$ | | -0.012 ** <br> (-2.34) | -0.011 ** <br> (-2.04) | -0.011 ** <br> (-2.03) | -0.011 ** <br> (-2.12) | -0.011 ** <br> (-2.11) |
| $GS \times AD$ | | -0.006 * <br> (-1.57) | -0.008 * <br> (-1.83) | -0.008 ** <br> (-1.83) | -0.009 ** <br> (-1.90) | -0.009 ** <br> (-1.94) |
| 企业年龄 <br> ($Age$) | | | 0.016 *** <br> (13.30) | 0.016 *** <br> (13.31) | 0.012 *** <br> (13.76) | 0.013 *** <br> (13.95) |
| 资本密集度 <br> ($CI$) | | | | -0.009 <br> (-0.67) | -0.101 <br> (-0.54) | -0.101 <br> (-0.65) |
| 资产负债率 <br> ($DAR$) | | | | | -0.070 *** <br> (-4.37) | -0.062 *** <br> (-3.78) |
| 股权集中度 <br> ($OC$) | | | | | | 0.066 *** <br> (2.78) |
| 个体 | 控制 | 控制 | 控制 | 控制 | 控制 | 控制 |
| 年份 | 控制 | 控制 | 控制 | 控制 | 控制 | 控制 |
| 观测值个数 | 6413 | 6413 | 6413 | 6413 | 6413 | 6412 |
| Hausman 检验 | 233.16 <br> [0.00] | 283.04 <br> [0.00] | 371.27 <br> [0.00] | 366.42 <br> [0.00] | 368.25 <br> [0.00] | 369.77 <br> [0.00] |
| Anderson canon. corr. LM statistic | 2027.89 <br> [0.00] | 1443.52 <br> [0.00] | 1442.90 <br> [0.00] | 1448.57 <br> [0.00] | 1450.77 <br> [0.00] | 1459.02 <br> [0.00] |
| Cragg-Donald Wald F statistic | 3414.65 <br> {16.38} | 2028.08 <br> {16.38} | 2026.44 <br> {16.38} | 2037.26 <br> {16.38} | 2041.21 <br> {16.38} | 2057.36 <br> {16.38} |

注：{ } 为 Cragg-Donald Wald F 统计量对应的 Stock-Yogo 检验临界值（10% 显著性水平下），下同。

资料来源：根据 STATA 估计结果整理。

从工具变量 2SLS 模型的参数估计结果来看（见表 7-7），各类创新激励措施以及它们与要素价格绝对扭曲的交互项的参数估计结果均具备统计显著性，参数估计值也无明显变化。各控制变量的参数估计值及其显著性亦与前文中的模型估计结果保持一致，此处不再一一赘述。

# 第三节　要素市场化程度影响企业技术创新的个体差异性

根据机制分析的相关内容可知，要素市场化程度对企业技术创新激励有效性的影响在不同类型的企业中存在差异，其中行业层面的差异性已通过模型中行业集中度与要素市场化程度交互项的系数估计结果得到验证；对于地区层面、企业所有制以及企业规模层面的差异性，将通过对东部—中部—西部子样本、国企—非国企子样本、大企业—中小企业子样本分别进行回归分析来加以验证。

## 一、基于地区层面的个体差异性

为了考察地区经济发展水平对要素市场扭曲情况下企业创新激励有效性的影响，将所有样本企业按照公司注册地分别归入"东部地区""中部地区"和"西部地区"三个子样本，三个子样本的样本容量分别为 1325 家、390 家和 274 家。在此基础上，分别对这三个子样本进行回归分析。计量模型的选择方法与总体回归完全一样，经 F 检验和 Hausman 检验后确定使用固定效应模型，具体步骤此处不再赘述。参数估计结果如表 7 - 8 所示，其中模型（1）~（3）是东部地区子样本的估计结果；模型（4）~（6）为中部地区子样本的估计结果；模型（7）~（9）是西部地区子样本的估计结果。接下来将运用模型（3）（6）（9）的估计结果对不同地区的差异性进行比较。

### （一）一次项估计结果

通过比较表 7 - 8 与表 7 - 5 中的数据可知，基于地区层面系数估计结果的正负号及显著性与总体估计结果基本保持一致，但在具体数值上存在差异。下面首先对各地区在一次项系数估计结果方面的差异进行比较分析：

在股权激励机制方面，股权激励强度的系数估计值呈现自东向西依次递减的态势。不过具体数值差异不大，自东向西分别为 0.059、0.050、0.043。这说明中国工业企业股权激励机制的创新激励效果与地区经济发展水平存在

表 7—8　不同地区企业中要素市场化程度对企业技术创新激励影响的差异性

| 变量 \ 模型 | 东部地区 | | | 中部地区 | | | 西部地区 | | |
|---|---|---|---|---|---|---|---|---|---|
| | (1) | (2) | (3) | (4) | (5) | (6) | (7) | (8) | (9) |
| 股权激励强度 (SOI) | 0.156*** (9.80) | 0.091*** (4.33) | 0.059** (2.40) | 0.137*** (4.68) | 0.056*** (4.15) | 0.050*** (2.63) | 0.103*** (2.81) | 0.107** (2.57) | 0.043*** (2.65) |
| 专利保护强度 (PP) | 0.145* (1.88) | 0.187*** (3.19) | 0.188*** (3.31) | 0.273*** (6.86) | 0.189*** (6.86) | 0.219*** (5.72) | 0.345*** (3.41) | 0.338*** (3.66) | 0.326* (1.75) |
| 行业集中度 (HHI) | -0.188*** (-8.60) | -0.264*** (-10.89) | -0.224*** (-5.22) | -0.193*** (-4.28) | -0.208*** (-4.36) | -0.161** (-2.33) | -0.187*** (-4.37) | -0.134*** (-2.80) | -0.150** (-2.52) |
| 政府补助 (GS) | 0.008 (1.58) | 0.011** (2.21) | 0.006** (2.14) | 0.050** (2.38) | 0.061*** (2.77) | 0.025*** (3.12) | 0.031* (1.82) | 0.033** (2.10) | 0.029* (1.70) |
| 要素市场化程度 (AD) | -0.016*** (-25.97) | -0.014*** (-16.10) | -0.012*** (-14.60) | -0.010*** (-10.39) | -0.013*** (-7.25) | -0.013*** (-8.38) | -0.013*** (-12.68) | -0.017*** (-10.32) | -0.015*** (-9.73) |
| SOI×AD | | -0.022*** (-4.54) | -0.015*** (-3.38) | | -0.025* (-1.80) | -0.018** (-2.11) | | -0.029** (-2.07) | -0.026** (-2.04) |
| PP×AD | | -0.054*** (-3.52) | -0.037** (-2.55) | | -0.175* (-1.91) | -0.158* (-1.91) | | -0.245** (-2.53) | -0.196** (-2.38) |
| HHI×AD | | -0.012*** (-7.27) | -0.011*** (-7.31) | | -0.018* (-1.77) | -0.015** (-2.01) | | -0.019*** (-2.75) | -0.017*** (-2.60) |
| GS×AD | | -0.007** (-2.17) | -0.006* (-1.75) | | -0.018** (-2.46) | -0.012*** (-2.64) | | -0.014** (-2.10) | -0.013** (-2.26) |

续表

| 变量\模型 | 东部地区 | | | 中部地区 | | | 西部地区 | | |
| --- | --- | --- | --- | --- | --- | --- | --- | --- | --- |
| | (1) | (2) | (3) | (4) | (5) | (6) | (7) | (8) | (9) |
| 企业年龄 (Age) | | | 0.023*** (28.59) | | | 0.018*** (8.15) | | | 0.013*** (11.59) |
| 资本密集度 (CI) | | | 0.102 (0.71) | | | -0.107 (-0.57) | | | 0.111 (0.43) |
| 资产负债率 (DAR) | | | -0.040*** (-5.08) | | | -0.052** (-2.25) | | | -0.071* (-1.70) |
| 股权集中度 (OC) | | | -0.061*** (-28.40) | | | -0.063*** (-12.51) | | | -0.058*** (-10.50) |
| 个体 | 控制 | 控制 | 控制 | 控制 | 控制 | 控制 | 控制 | 控制 | 控制 |
| 年份 | 控制 | 控制 | 控制 | 控制 | 控制 | 控制 | 控制 | 控制 | 控制 |
| 观测值个数 | 10600 | 10600 | 10600 | 3120 | 3120 | 3120 | 2191 | 2191 | 2191 |
| $R^2$ | 0.0889 | 0.0974 | 0.2025 | 0.0744 | 0.0787 | 0.1527 | 0.1024 | 0.1076 | 0.1942 |
| Hausman检验 | 302.84 [0.00] | 233.45 [0.00] | 875.89 [0.00] | 78.62 [0.00] | 88.41 [0.00] | 513.92 [0.00] | 72.28 [0.00] | 133.62 [0.00] | 143.47 [0.0000] |

资料来源：根据 STATA 估计结果整理。

正相关关系，经济发达地区的企业在股权激励实施效果方面略优于经济落后地区的企业。原因在于，股权激励方案的实施效果与公司的管理绩效息息相关。鉴于现实中经济发达地区的企业在管理绩效方面整体领先于经济落后地区的企业，因而其股权激励方案的创新激励效果也优于经济落后地区的企业。

在专利保护制度方面，专利保护强度的系数估计值则是呈现自东向西依次递增的规律，自东向西的估计值分别为0.188、0.219、0.326。说明企业所处地区的经济发展水平越落后，则企业技术创新活动对专利保护制度的依赖性越强。这是因为，经济落后地区的企业在市场竞争力和抗风险能力方面整体而言弱于经济发达地区的企业。这导致落后地区企业对技术创新的潜在风险更为敏感，从而在主观上更加依赖于外部专利制度的保护。因此，当专利保护强度增加一个单位时，对落后地区企业创新积极性的提升作用将会大于发达地区企业。

在市场结构方面，东、中、西部地区行业集中度的系数估计值分别为-0.224、-0.161、-0.150。即地区经济发展水平越高，行业集中度对企业技术创新激励有效性的负向影响越大。也就是说，对于两个处于不同地区（发达地区和落后地区）的行业集中度相同的企业而言，市场上的垄断因素对技术创新的阻碍作用在发达地区企业比在落后地区企业中更为严重。正如前文总体回归结果中所证实的，中国工业企业的垄断性越强，越不利于技术创新。因为垄断会导致"X非效率"，使企业缺乏研发积极性。具体到地区层面，西部地区的垄断型大企业虽然在当地颇具市场势力，然而由于西部地区的经济发展水平整体落后于东、中部地区，因此在全国市场上，西部地区的垄断型大企业仍然会面临来自东、中部垄断型大企业的激烈竞争。有压力就会有动力，进而有助于缓解"X非效率"问题，激发企业的创新活力。由此可见，企业所处地区的经济发展水平越高，所面临的外部市场竞争压力反而越小，进而导致垄断性因素对其技术创新积极性的削弱作用越大。

在政府激励手段方面，东、中、西部地区政府补助的系数估计值分别为0.006、0.025、0.029，中、西部地区政府补助的系数估计结果明显大于东部地区。由此可见，与东部地区相比，政府补助对中、西部地区企业的技术创新活动产生了更为显著的促进作用。造成这种差异性的原因是，结合本书实证分析中样本企业的政府补贴数据与其他学者的相关研究成果（邵敏和包群，2011）可知，中国各地区的政府补助数额大致呈现如下分布特征：中、西部地区政府补助的范围和程度都高于东部地区，且在补贴数额上更加突出考虑了"保护弱者"的政策导向；而东部地区的政府补助则未呈现出明显的"保护弱者"倾向。也就是说，与东部地区相比，中、西部地区众多无力独自承担研发费用的中小企业获得了更高强度的政府资金支持，从而使原本不可能开展研发创新活动的企业实现零的突破，起到了"雪中送炭"的效果，而且在扶持范围和力度方面都高于东部地区。因此，政府补助对中、西部地区企业技术创新激励的促进作用显著大于东部地区企业。

### (二) 交互项估计结果

由表 7-8 可知，要素市场化程度与各种创新激励方式交互项的系数估计结果的绝对值均呈现自东向西依次递增的特征。下面对各交互项的参数估计结果分别进行分析：

在股权激励机制方面，股权激励强度与要素市场化程度交互项的系数估计值自东向西依次为 -0.015、-0.018、-0.026。意味着当要素价格被低估程度加重 1 个单位时，东部地区工业企业股权激励措施对企业研发投入的促进作用会减少 0.015 个单位；而西部地区企业股权激励措施对研发投入的促进作用则会减少 0.026 个单位。可见经济发展水平越落后的地区，要素价格被低估对企业股权激励措施创新激励功能的削弱作用越大。原因在于，一个地区的要素市场化程度与其经济发展水平是相辅相成的关系。地区经济发展水平越落后，其要素市场化程度往往越低。从寻租的角度来讲，这意味着落后地区的企业所面临的寻租空间通常要大于发达地区的企业。如此一来，便会导致要素价格被低估对企业经理层的"寻租效应"在落后地区企业比在发达地区企业中更为严重，进而引发股权激励方案在落后地区企业的实施效果普遍弱于发达地区企业。

在专利保护制度方面，专利保护强度与要素市场化程度交互项的系数估计值自东向西依次为 -0.037、-0.158、-0.196。说明要素价格被低估程度每加重 1 个单位，会导致东、中、西部地区企业专利保护制度对企业研发投入的促进作用分别削弱 0.037、0.158 和 0.196 个单位。也就是说经济发展水平越落后的地区，要素价格被低估对专利保护制度创新激励功能的削弱作用越大。这是因为专利保护制度作为一种上层建筑，其完善程度与该地区的经济基础是密不可分的，发达国家的专利保护制度通常比发展中国家更为完善。

同理，一国中经济发达地区专利保护制度的完善程度往往高于落后地区。而根据前文的分析，专利保护制度越不完善，要素价格被低估对专利保护制度的"替代效应"就越强。也就是说，中、西部等落后地区的企业更加倾向于利用廉价要素而非专利保护制度来提高利润。因此，要素价格被低估对落后地区企业专利保护制度创新激励功能的削弱作用比发达地区企业更为明显。

在市场激励方面，行业集中度与要素市场化程度交互项的系数估计值自东向西依次为 -0.011、-0.015、-0.019。说明要素价格被低估程度每提高1个单位，东、中、西部地区垄断因素对企业研发投入的负向作用分别加重0.011个、0.015个、0.019个单位。可见经济发展水平越落后的地区，要素价格被低估越容易放大垄断因素对企业创新积极性的负向影响。原因在于，中、西部落后地区市场机制的健全程度及价格机制的信号传递功能普遍弱于东部发达地区。因而在垄断性或行业集中度相同的行业中，1个单位要素价格被低估，对中、西部地区要素市场价格机制所造成的"信号干扰效应"将大于东部地区，从而导致垄断因素对落后地区企业创新积极性的不利影响大于发达地区企业。

在政府激励措施方面，政府补助与要素市场化程度交互项的系数估计值自东向西依次为 -0.006、-0.012、-0.013。说明要素价格被低估程度每加重1个单位，会导致东、中、西部地区政府补助对企业研发投入的促进作用分别削弱0.006个、0.012个和0.013个单位。也就是说经济发展水平越落后的地区，要素价格被低估对政府补助创新激励功能的削弱作用越大。原因有两个：首先，如前所述，中、西部落后地区的寻租空间大于东部发达地区，寻租活动所引发的高昂费用导致其对中西部地区企业政府补助资金的"挤出效应"普遍大于东部地区企业；其次，寻租活动会扰乱正常的市场竞争秩序，从而削弱政府补助的信号传递功能，因此政府补助对中西部地区企业的信号传递功能也将弱于东部地区企业。综上所述，要素价格被低估所引发的寻租空间增大对中西部地区企业政府补助创新激励功能的破坏作用大于东部地区企业。

## （三）控制变量估计结果

在控制变量方面，企业年龄对企业技术创新激励的正向影响自东向西依次递减。这从一个侧面反映出不同地区企业在发展速度上的差异：东部地区企业在更加完善便利的基础设施和更加公平、开放的市场环境的作用下，整体上比中、西部地区企业发展更快。以至于同样是成立了十年的两个企业，处于东部地区的那个企业通常比处于西部地区的企业更具市场竞争力和资金实力，从而拥有更多的物质和人力资本投身于创新活动。资本密集度对各地区企业的技术创新积极性均不存在显著影响，再次印证了企业的要素密集度与其创新积极性并不存在必然联系。资产负债率对企业技术创新激励的反向作用自东向西依次递增，说明企业所处地区的经济发展水平越落后，企业的资金使用习惯越是保守。这一方面是由于资金实力越弱的企业，其抗风险能力自然越差，因此，在面对风险性极高的创新项目时往往更为保守；另一方面也与当地金融市场的发展水平密不可分。一个地方的金融发展与其经济发展是相辅相成的关系。经济发展水平落后的地区，其金融市场发展水平通常也较为滞后，进而限制了当地企业的融资能力和创新实力。在股权结构方面，三个地区的股权集中度系数估计值都显著为正，且在数值上几乎不存在差异，说明各地区企业股权集中度的提高均能够对企业技术创新活动产生显著的正向激励作用。

## 二、基于企业所有制层面的个体差异性

为了考察不同所有制企业中要素市场化程度对企业创新激励有效性影响的差异，本书延续第五章中的相关分类方法，将样本企业中的中央国有企业和地方国有企业归为国有企业；其他属性的上市公司如民营企业、外资企业、公众企业等则归为非国有企业。在此基础上，分别对国有企业子样本和非国有企业子样本进行回归分析。计量模型的选择方法与总体回归完全一样，经过 F 检验和 Hausman 检验后确定使用固定效应模型，具体步骤此处不再赘述。参数估计结果如表 7 - 9 所示，其中模型（1）~（3）是国有企业子样本的估计结果；模型（4）~（6）为非国有企业子样本的估计结果。

表 7 - 9 　　　　不同所有制企业中要素市场化程度对企业技术
创新激励影响的差异性

| 变量 \ 模型 | 国有企业 | | | 非国有企业 | | |
|---|---|---|---|---|---|---|
| | （1） | （2） | （3） | （4） | （5） | （6） |
| 股权激励强度（SOI） | 0.075 ** (2.30) | 0.077 * (2.30) | 0.076 * (1.83) | 0.047 * (2.31) | 0.045 ** (2.58) | 0.048 * (2.28) |
| 专利保护强度（PP） | 0.191 *** (6.95) | 0.172 *** (7.43) | 0.167 *** (1.85) | 0.255 *** (6.48) | 0.264 *** (6.25) | 0.281 *** (4.01) |

续表

| 模型<br>变量 | 国有企业 | | | 非国有企业 | | |
|---|---|---|---|---|---|---|
| | (1) | (2) | (3) | (4) | (5) | (6) |
| 行业集中度<br>(HHI) | -0.185 ***<br>(-5.81) | -0.210 ***<br>(-3.60) | -0.191 **<br>(-1.96) | -0.172 ***<br>(-3.80) | -0.155 ***<br>(-2.51) | -0.147 ***<br>(-1.84) |
| 政府补助<br>(GS) | 0.035 **<br>(2.83) | 0.030 **<br>(2.18) | 0.036 ***<br>(4.65) | 0.010 *<br>(1.75) | 0.014 ***<br>(3.17) | 0.013 **<br>(2.18) |
| 要素市场化<br>程度 (AD) | -0.016 ***<br>(-4.97) | -0.013 ***<br>(-5.85) | -0.018 ***<br>(-4.90) | -0.013 ***<br>(-2.04) | -0.010 **<br>(-1.79) | -0.011 *<br>(-1.98) |
| $SOI \times AD$ | | -0.023 **<br>(-2.20) | -0.023 **<br>(-2.15) | | -0.017 **<br>(-2.30) | -0.015 **<br>(-2.52) |
| $PP \times AD$ | | -0.130 ***<br>(-2.59) | -0.139 *<br>(-1.65) | | -0.108 **<br>(-2.09) | -0.101 **<br>(-2.01) |
| $HHI \times AD$ | | -0.016 **<br>(-2.50) | -0.015 **<br>(-2.44) | | -0.007 **<br>(-1.87) | -0.009 **<br>(-1.98) |
| $GS \times AD$ | | -0.019 ***<br>(-3.93) | -0.016 ***<br>(-2.72) | | -0.006 **<br>(-2.11) | -0.007 **<br>(-2.01) |
| 企业年龄<br>(Age) | | | 0.013 ***<br>(12.81) | | | 0.012 ***<br>(7.96) |
| 资本密集度<br>(CI) | | | -0.114<br>(-0.39) | | | -0.117<br>(-0.17) |
| 资产负债率<br>(DAR) | | | -0.039 ***<br>(-4.23) | | | -0.066 **<br>(-2.58) |
| 股权集中度<br>(OC) | | | -0.028<br>(-0.49) | | | 0.089 ***<br>(2.92) |
| 个体 | 控制 | 控制 | 控制 | 控制 | 控制 | 控制 |
| 年份 | 控制 | 控制 | 控制 | 控制 | 控制 | 控制 |
| 观测值个数 | 2354 | 2354 | 2354 | 4144 | 4144 | 4143 |
| $R^2$ | 0.0711 | 0.0778 | 0.1588 | 0.0246 | 0.0255 | 0.0453 |
| Hausman 检验 | 166.44<br>[0.00] | 127.26<br>[0.00] | 205.65<br>[0.00] | 126.27<br>[0.00] | 131.58<br>[0.00] | 174.94<br>[0.00] |

资料来源：根据 STATA 估计结果整理。

## （一）一次项估计结果

通过比较表 7-9 与表 7-5 中的数据可知，基于企业所有制层面的系数估计结果的正负号以及显著性与总体估计结果基本保持一致，但在具体数值上存在差异。下面首先对不同所有制类型的企业在一次项系数估计结果方面的差异进行比较分析：

在股权激励机制方面，国有企业和非国有企业股权激励强度的系数估计值分别为 0.076 和 0.048。国有企业股权激励强度的系数估计值大于非国有企业，说明股权激励机制对国有企业技术创新的激励作用大于非国有企业。这反映出国有企业和非国有企业的经理层在利益导向方面的差异：如前所述，由于国有企业中的经理层绝大多数为专门聘请的职业经理人，他们本身的利益与公司利益存在不一致性，此时通过实施股权激励计划使得企业发展与经理层的个人利益挂钩，自然能够在一定程度上优化经理层的生产决策，使其更符合公司的长远利益。可见国有企业的经理层对股权激励方案的反应比非国有企业更为敏感。经理层会根据股权激励强度的变动迅速调整企业的发展战略，使其符合自身利益最大化而非企业长远利益最大化的诉求。

在专利保护制度方面，国有企业和非国有企业专利保护强度的系数估计值分别为 0.167 和 0.281。非国有企业中专利保护强度对技术创新活动的激励作用明显大于国有企业。原因在于，与国有企业相比，非国有企业往往对技术创新的潜在风险更为敏感。在专利保护制度不健全的环境中，非国有企业很可能出于担心研发成果因得不到妥善保护而无法获得相应的创新收益，就此放弃原本的研发创新计划。不过，结合专利保护强度与要素价格绝对扭曲二次项的系数估计结果可知，只要建立起完善的专利保护制度，私营企业的经理层不会像国有企业的经理层那样，为了获取要素价格被低估带来的短期利润，就轻易放弃有利于企业长期发展的技术创新活动。

在市场结构方面，国有企业和非国有企业行业集中度的系数估计值分别为 -0.191 和 -0.147。国有企业中行业集中度对企业技术创新激励的反向作用大于非国有企业。也就是说，对于处于同样市场结构中（即行业集中度相同）的两个国有企业和非国有企业而言，市场上的垄断因素对技术创新的阻碍作用在国有企业中比在非国有企业中表现得更为明显。原因可能是，国有垄断企业往往拥有强大的市场势力，无需通过技术创新便可获得并保持超额垄断利润，导致其创新积极性低于非国有企业。

在政府激励手段方面，国有企业和非国有企业专利保护强度的系数估计值分别为 0.036 和 0.013。国有企业中政府补助对技术创新的激励作用大于非国有企业。而且国有企业回归结果中的系数显著性也优于非国有企业。可见政府研发补助在国有企业中的落实效果要好于非国有企业。之所以政府补助在国有企业中能够发挥更大的创新激励功能，是因为国有企业与政府之间存在控制权方面的附庸关系。与非国有企业相比，国有企业更倾向于遵从政府意志，而且政府对国有企业能够实施更为有力的监督，这些因素都使得政府研发补助在国有企业中的贯彻落实效果优于非国有企业；而在大多数非国有企业中，由于缺乏有效的监管机制，从政府方面获得的研发补助往往被企业挪作他用，导致政府补助对技术创新的激励功能失效。

## （二）交互项估计结果

由表 7-9 可知，国有企业要素市场化程度与各种创新激励方式交互项的系数估计结果的绝对值均大于非国有企业。下面对各交互项的参数估计结果分别进行分析：

在股权激励机制方面，股权激励强度与要素市场化程度交互项的系数估计值在国有企业和非国有企业分别为 -0.023 和 -0.015。意味着当要素价格被低估程度加重 1 个单位时，国有企业股权激励措施对企业研发投入的促进作用会减少 0.023 个单位；而非国有企业股权激励措施对研发投入的促进作用则会减少 0.015 个单位。可见要素价格被低估对企业股权激励措施创新激励功能的削弱作用存在所有制差异，国有企业中要素价格被低估对股权激励方案创新激励功能的削弱作用大于非国有企业。

在专利保护制度方面，专利保护强度与要素市场化程度交互项的系数估计值在国有企业和非国有企业分别为 -0.139 和 -0.101。说明要素价格被低估程度每加重 1 个单位，专利保护制度对国有企业研发投入的促进作用会减少 0.139 个单位；而对非国有企业研发投入的促进作用则会减少 0.101 个单位。可见要素价格被低估对专利保护制度创新激励功能的削弱作用存在所有制差异，国有企业中要素价格被低估对专利保护制度创新激励功能的削弱作用大于非国有企业。

在市场激励方面，行业集中度与要素市场化程度交互项的系数估计值在国有企业和非国有企业分别为 - 0.015 和 - 0.009。说明要素价格被低估程度每加重 1 个单位，垄断因素对国有企业研发投入的阻碍作用会加重 0.015 个单位；而对非国有企业研发投入的阻碍作用则会加重 0.009 个单位。可见与非国有企业相比，要素价格被低估更加容易放大垄断因素对国有企业创新积极性的负向影响。

在政府激励措施方面，政府补助与要素市场化程度交互项的系数估计值在国有企业和非国有企业分别为 - 0.016 和 - 0.007。说明要素价格被低估程度每加重 1 个单位，政府补助对国有企业研发投入的促进作用会减少 0.016 个单位；而对非国有企业研发投入的促进作用则会减少 0.007 个单位。可见要素价格被低估对政府补助创新激励功能的削弱作用存在所有制差异，国有企业中要素价格被低估对政府补助创新激励功能的削弱作用大于非国有企业。

（三）控制变量估计结果

在控制变量方面，企业年龄和资本密集度这两类因素对技术创新激励的影响在国有企业和非国有企业之间并无明显区别；资产负债率对技术创新激励的反向作用在非国有企业中明显比国有企业中更严重。说明非国有企业比国有企业的资金使用习惯更为保守，较高的负债会导致非国有企业在面临创新决策时更加谨慎。而国有企业并不惧怕高负债带来的经营压力和风险性；在股权结构方面，非国有企业股权集中度的提高有利于增强创新激励。非国有企业的股权结构通常更为分散，适当的提高股权集中度有利于增强大股东对经理层决策的监督作用，使企业更加注重事关长远发展的创新活动。而股权集中度与技术创新激励在国有企业中则呈现出不显著的反向作用。说明目前中国大型工业企业的股权集中度已超出了最优水平，股权结构的进一步集中将不利于企业的技术创新和长远发展。

## 三、基于企业规模层面的个体差异性

为了考察不同规模企业中要素市场化程度对企业创新激励有效性影响的差异，此处同样延续第五章中的分类方法，将样本企业中年均资产规模大于中位数的企业归为"大企业"；将年均资产规模小于或等于中位数的企业归为"中小企业"。在此基础上，分别对大企业子样本和中小企业子样本进行回归分析。计量模型的选择方法与总体回归完全一样，经过 F 检验和 Hausman 检验后确定使用固定效应模型，具体步骤此处不再赘述。参数估计结果如表 7 - 10 所示，其中，模型（1）~（3）是大企业子样本的估计结果；模型（4）~（6）为中小企业子样本的估计结果。

表 7 - 10　　　　　　不同规模企业中要素市场化程度对企业技术
创新激励影响的差异性

| 模型\变量 | 大企业 | | | 中小企业 | | |
|---|---|---|---|---|---|---|
| | （1） | （2） | （3） | （4） | （5） | （6） |
| 股权激励强度（SOI） | 0.065 ** (2.02) | 0.077 * (1.69) | 0.072 * (1.72) | 0.041 * (1.75) | 0.049 ** (1.97) | 0.046 * (1.70) |
| 专利保护强度（PP） | 0.237 *** (5.96) | 0.265 *** (6.21) | 0.242 *** (3.30) | 0.169 *** (7.86) | 0.240 *** (7.11) | 0.235 *** (2.61) |
| 行业集中度（HHI） | -0.210 *** (-4.27) | -0.188 *** (-2.84) | -0.193 ** (-2.25) | -0.096 *** (-5.58) | -0.160 *** (-4.19) | -0.154 *** (-3.57) |
| 政府补助（GS） | 0.015 ** (2.30) | 0.012 ** (2.06) | 0.017 *** (2.72) | 0.020 (1.52) | 0.023 ** (2.10) | 0.025 ** (2.45) |
| 要素市场化程度（AD） | -0.023 *** (-2.65) | -0.016 *** (-3.51) | -0.016 *** (-3.21) | -0.013 *** (-2.58) | -0.012 ** (-2.50) | -0.013 * (-1.95) |
| SOI × AD | | -0.023 ** (-2.28) | -0.025 ** (-2.50) | | -0.012 ** (-2.38) | -0.013 ** (-2.48) |
| PP × AD | | -0.152 * (-1.76) | -0.146 ** (-2.56) | | -0.129 ** (-1.88) | -0.113 ** (-1.97) |
| HHI × AD | | -0.012 * (-1.69) | -0.017 * (-1.68) | | -0.010 ** (-2.32) | -0.008 ** (-1.69) |
| GS × AD | | -0.021 *** (-2.63) | -0.014 *** (-2.59) | | -0.010 ** (-2.08) | -0.008 ** (-2.47) |
| 企业年龄（Age） | | | 0.014 *** (7.10) | | | 0.015 *** (14.06) |
| 资本密集度（CI） | | | -0.101 (-0.26) | | | -0.102 (-0.50) |
| 资产负债率（DAR） | | | -0.049 *** (-2.72) | | | -0.063 ** (-2.24) |

续表

| 变量 \ 模型 | 大企业 | | | 中小企业 | | |
|---|---|---|---|---|---|---|
| | (1) | (2) | (3) | (4) | (5) | (6) |
| 股权集中度（OC） | | | 0.067 ** (2.21) | | | 0.069 *** (5.13) |
| 个体 | 控制 | 控制 | 控制 | 控制 | 控制 | 控制 |
| 年份 | 控制 | 控制 | 控制 | 控制 | 控制 | 控制 |
| 观测值个数 | 3332 | 3332 | 3332 | 3166 | 3166 | 3165 |
| $R^2$ | 0.0325 | 0.0357 | 0.0546 | 0.0493 | 0.0498 | 0.1290 |
| Hausman 检验 | 118.52 [0.00] | 138.77 [0.00] | 161.15 [0.00] | 152.97 [0.00] | 138.17 [0.00] | 263.77 [0.00] |

资料来源：根据 STATA 估计结果整理。

## （一）一次项估计结果

整体而言，基于企业规模层面的系数估计结果的正负号以及显著性与总样本的估计结果基本保持一致，但在具体数值上存在差异。下面来探讨各种创新激励方式一次项系数的估计结果：

在股权激励机制方面，大企业和中小企业股权激励强度的系数估计值分别为 0.072 和 0.046。大企业股权激励强度的系数估计值大于中小企业，说明股权激励机制对大企业技术创新的激励作用大于中小企业。具体原因与所有制层面的股权激励有效性差异是一致的，是因为不同规模企业的管理层对股权激励机制的敏感性存在差异。由于大企业通常采取所有权和经营权相分离的治理结构，因此大企业的经理层对股权激励机制更为敏感，使得股权激励机制对大企业技术创新的激励作用比小企业更加明显。

在专利保护制度方面，大企业和中小企业专利保护强度的系数估计值分别为 0.242 和 0.235。专利保护强度对技术创新活动的激励作用在大企业和中小企业之间并无明显区别，且都存在十分显著的正向作用。可见无论什么规模的企业都需要健全的专利保护体系，一个健全的专利保护制度与实施机制对所有企业的技术创新积极性都能够发挥显著的激励作用。

在市场结构方面，大企业和中小企业行业集中度的系数估计值分别为 −0.193 和 −0.154。大企业中行业集中度对企业技术创新激励的反向作用大于中小企业。也就是说，对于处于同样市场结构中（即行业集中度相同）的两个规模不同的企业而言，市场上的垄断因素对技术创新的阻碍作用在大企业中比在中小企业中表现得更为明显。具体原因与所有制层面的差异是一致的。因为随着企业规模的膨胀，机构臃肿等问题日益凸显，成为企业积极寻求突破、求新求变的巨大障碍。从这个角度来讲，势单力薄的中小企业通常比大企业更具忧患意识，而这种忧患意识恰恰是企业创新精神的动力源泉。

在政府激励手段方面，大企业和中小企业专利保护强度的系数估计值分别为 0.017 和 0.025，中小企业中政府补助对技术创新的激励作用略大于大企业。其原因与政府补助创新激励功能在地区层面的个体差异性是一致的。由于我国政府的研发补助资金在扶持范围和力度方面都突出了"保护弱者"原则，再加上中小企业自身对政府研发补助的需求度高于大企业，使得政府补助对中小企业技术创新积极性的刺激效果略高于大企业。

## （二）交互项估计结果

由表 7-10 可知，大企业要素市场化程度与各种创新激励方式交互项的系数估计结果的绝对值均大于中小企业。下面对各交互项的参数估计结果分别进行分析：

在股权激励机制方面，股权激励强度与要素市场化程度交互项的系数估计值在大企业和中小企业分别为 -0.025 和 -0.013。意味着当要素价格被低估程度加重 1 个单位时，大企业股权激励措施对企业研发投入的促进作用会减少 0.025 个单位；而中小企业股权激励措施对研发投入的促进作用则会减少 0.013 个单位。可见要素价格被低估对企业股权激励措施创新激励功能的削弱作用存在规模差异，大企业中要素价格被低估对股权激励方案创新激励功能的削弱作用大于中小企业。

在专利保护制度方面，专利保护强度与要素市场化程度交互项的系数估计值在大企业和中小企业分别为 -0.146 和 -0.113。说明要素价格被低估程度每加重 1 个单位，专利保护制度对大企业研发投入的促进作用会减少 0146 个单位；而对中小企业研发投入的促进作用则会减少 0.113 个单位。可见要素价格被低估对专利保护制度创新激励功能的削弱作用存在规模差异，大企业中要素价格被低估对专利保护制度创新激励功能的削弱作用大于中小企业。

在市场激励方面，行业集中度与要素市场化程度交互项的系数估计值在大企业和中小企业分别为 -0.017 和 -0.008。说明要素价格被低估程度每加重 1 个单位，垄断因素对大企业研发投入的阻碍作用会加重 0.017 个单位；而对中小企业研发投入的阻碍作用则会加重 0.008 个单位。可见与中小企业相比，要素价格被低估更加容易放大垄断因素对大企业创新积极性的负向影响。

在政府激励措施方面，政府补助与要素市场化程度交互项的系数估计值在国有企业和非国有企业分别为 −0.014 和 −0.008。说明要素价格被低估程度每加重 1 个单位，政府补助对大企业研发投入的促进作用会减少 0.014 个单位；而对中小企业研发投入的促进作用则会减少 0.008 个单位。可见要素价格被低估对政府补助创新激励功能的削弱作用存在规模差异，大企业中要素价格被低估对政府补助创新激励功能的削弱作用大于中小企业。

（三）控制变量估计结果

在控制变量方面，企业年龄、资本密集度以及股权集中度这三类因素对技术创新激励的影响在大企业和中小企业之间并无明显区别。资产负债率对技术创新激励的反向作用在中小企业中明显比在大企业中更严重，说明中小企业比大企业的资金使用习惯更为保守。

## 第四节  模型检验结果

本章通过构建计量回归模型，运用中国工业上市公司数据对要素市场化程度情况下中国工业企业技术创新激励的有效性及其个体差异进行了实证检验，得出以下几方面丰富的结论：

第一，通过考察股权激励强度、专利保护强度、行业集中度以及政府补助等因素对企业 R&D 强度的影响，发现股权激励机制、专利保护制度、政府补助等产权激励和政府激励手段确实对中国工业企业的技术创新积极性产生了显著的激励效果；而在市场激励方面，市场机制越健全、市场竞争程度越高，则越有利于激发企业的技术创新积极性。这些结论是对技术创新经济学领域"技术创新激励"理论的一次全面验证。

第二，通过进一步将样本企业按照所在地、所有制类型和企业规模进行划分，发现企业技术创新激励的有效性存在个体差异。具体而言，在地区层面，股权激励机制对企业技术创新激励的有效性与企业所处地区的经济发展水平成正比，专利保护制度和政府补助的有效性与企业所处地区的经济发展水平成反比，行业集中度对企业创新激励的负向影响与企业所处地区的经济发展水平成正比；在企业所有制层面，国有企业股权激励机制和政府补助的有效性大于非国有企业，专利保护制度的有效性小于非国有企业，国有企业对市场结构的敏感度也高于其他所有制类型的企业；在企业规模层面，大企业对股权激励机制和行业集中度的敏感性高于中小企业，在大企业和中小企业专利保护制度和政府补助方面则无明显区别。

第三，通过估计要素市场化程度与各种创新激励方式交互项的正负号及其显著性，发现要素市场化程度确实对中国工业企业技术创新激励的有效性造成了不利影响，而且这种不利影响在不同地区、不同行业、不同所有制及不同规模的企业之间呈现出个体差异性。具体而言，企业所处地区的经济发展越落后，要素市场化程度对企业创新激励有效性的负向调节作用越大；行业集中度越高，要素市场化程度对行业内企业的创新激励有效性的负向影响越大；在企业委托代理问题的影响下，一般而言，要素市场化程度对国有企业创新激励有效性的负向调节作用大于非国有企业，对大企业创新激励有效性的不利影响大于中小企业。

# 第八章

# 研究结论与政策建议

全书从理论和实证两个方面对要素市场化影响企业技术创新问题进行了全面探讨。本章将对研究结论进行归纳总结，并据此提出相应的政策建议和研究展望。

## 第一节 研究结论

### 一、资本和劳动价格存在双重低估

通过对中国要素市场现状的分析，以及运用生产函数法对样本企业的要素市场化程度进行测算，发现中国工业企业确实面临严重的资本和劳动力价格的被低估，进而导致总体要素价格同样存在被低估，且近年来被低估程度并未得到有效缓解，证明了加速推进要素市场化改革的必要性。其中资本价格被低估主要是由政府的"金融抑制"政策及企业行为所引发的；劳动价格被低估则是由劳动生产率的飞速提升与劳动者在劳动力市场上的弱势地位而导致的。由于目前一方面我国资本市场仍未建立起自发的利率形成机制，劳动力市场上也未形成工资增长的长效机制；另一方面资本和劳动力的边际产出水平又呈不断上涨之势，因此现阶段总体要素价格水平仍存在较为严重的被低估。如表8-1所示，这种被低估还存在显著的异质性特征。

表8-1                              传统要素市场化程度

| 分类方式 | | 资本价格<br>扭曲程度 | 劳动价格<br>扭曲程度 | 总体扭曲<br>程度 |
|---|---|---|---|---|
| 分地区 | 东部 | 高 | 高 | 高 |
| | 中部 | 中 | 中 | 中 |
| | 西部 | 低 | 低 | 低 |
| 分行业 | 垄断行业 | 低 | 低 | 低 |
| | 竞争性行业 | 高 | 高 | 高 |
| 分所有制 | 国有企业 | 低 | 低 | 低 |
| | 非国有企业 | 高 | 高 | 高 |
| 分企业规模 | 大企业 | 低 | 高 | 低 |
| | 中小企业 | 高 | 低 | 高 |

资料来源：根据第六章相关估计结果整理。

## （一）经济发达地区企业的要素价格被低估程度高于落后地区企业

在地区层面，资本价格被低估和劳动价格被低估的程度都呈现自东向西递减的趋势。也就是说，经济发达的东部地区企业的要素价格被低估程度高于经济落后地区的企业。原因在于，首先东部地区工业企业领先的技术水平使得其资本边际产出水平显著高于中西部地区的工业企业；其次，与中西部地区相比，东部地区的发达城市更多、城市群更密集，对高技术、高学历人才的吸引力更强，从而使得东部地区的劳动边际产出水平同样高于中西部地区；最后，近年来，随着全国统一市场的逐步形成和劳动力迁移成本的下降，利率和工资水平的地区差异得以缩小。总之，东部地区的要素边际产出水平明显高于中西部地区。但其利率和工资水平仅略高于中西部地区，从而导致东部地区的要素价格被低估程度比中西部地区更为严重。

## （二）竞争性行业、非国有企业的要素价格被低估程度高于垄断行业、国有企业

在行业和企业所有制层面，垄断行业和国有企业的资本价格及劳动价格

被低估程度均低于竞争性行业和非国有企业，从而导致垄断行业和国有企业的传统要素市场化程度低于竞争性行业和非国有企业。究其原因，在要素边际产出方面，垄断行业和国有企业的资本边际产出均低于竞争行业和非国有企业近 10 个百分点；而在要素市场价格方面，垄断行业和国有企业的工资水平都高出竞争行业和非国有企业将近 1 倍。两相对比之下，自然使得竞争性行业的要素价格被低估程度高于垄断行业；而非国有企业的要素价格被低估程度高于国有企业。

（三）中小企业的要素价格被低估程度高于大企业

在企业规模层面，大企业的资本价格被低估程度低于中小企业，其劳动价格的被低估程度略高于中小企业，最终其传统要素市场化程度仍旧低于中小企业。原因在于，在资本价格方面，大企业自身存在的问题和要素边际报酬递减规律的影响，导致其资本边际产出水平普遍低于中小企业，从而使得其资本真实价格和市场价格的差距大于中小企业；在劳动价格方面，与中小企业相比，大企业通常在人均资本水平和人力资源素质方面具备突出优势，使得其劳动力边际产出优于中小企业。虽然其工资水平也略高于中小企业，但其劳动力真实价格与市场价格的差距仍旧略低于中小企业。

## 二、数据要素对数字经济时代的企业技术创新发挥特殊作用

由理论分析可知，数据要素具有不同于其他要素的一系列天然属性，促使其通过环境优化效应、信息挖掘效应、数据共享效应等对企业的技术创新活动产生显著的促进作用。但是，现阶段中国的新兴要素市场尤其是数据要素市场尚处于初级阶段。加快推进新兴要素市场化培育，既是要素市场化改革的题中义，又能显著提升企业的技术创新能力。

## 三、创新激励系统促进了企业技术创新

通过构建完整的"产权—市场—政府"三维技术创新激励系统，对创新激励系统中各种创新激励方式的功能定位和作用机制进行了深入分析。再结

合计量模型一次项的系数估计结果可知，产权激励、市场激励、政府激励等创新激励方式确实对企业技术创新存在正向激励作用，一个完整、有效的技术创新激励系统对于一国工业企业的技术创新活动而言是必不可少的。在个体差异性方面，股权激励强度对发达地区企业、国有企业和大企业的创新激励作用比对落后地区企业、非国有企业和中小企业更强；专利保护制度对落后地区企业和非国有企业创新积极性的正向激励作用比发达地区企业和国有企业更大，在企业规模层面的创新激励效果则没有明显差异；发达地区企业、国有企业和大企业的创新行为对行业集中度的反应比落后地区企业、非国有企业和中小企业更为灵敏。也就是说，行业集中度的提高对发达地区企业、国有企业和大企业创新积极性的不利影响大于落后地区企业、非国有企业和中小企业；政府补助对落后地区企业、国有企业和中小企业具有显著的创新激励功能，而在发达地区企业、非国有企业和大企业中的创新激励作用则未得到有效发挥。

## 四、要素市场化改革能够提升创新激励系统的有效性

从整体回归分析结果来看，当传统要素市场出现扭曲时，即使采取各种创新激励工具也将收效甚微。因此，若要提升创新激励系统的有效性，首先需要解决传统要素市场扭曲问题。如表 8 - 2 所示，这种抑制效应还存在显著的异质性特征。

表 8 - 2 　　　　　　企业技术创新激励效果的个体差异性

| 企业分类方式　创新激励方式 | 企业所在地区 | | | 企业所有制 | | 企业规模 | |
|---|---|---|---|---|---|---|---|
| | 东部 | 中部 | 西部 | 国企 | 非国企 | 大企业 | 中小企业 |
| 一次项 股权激励强度 | 正(强) | 正(中) | 正(弱) | 正(强) | 正(弱) | 正(强) | 正(弱) |
| 专利保护强度 | 正(弱) | 正(中) | 正(强) | 正(弱) | 正(强) | 正(差别不大) | 正(差别不大) |
| 行业集中度 | 负(强) | 负(中) | 负(弱) | 负(强) | 负(弱) | 负(强) | 负(弱) |
| 政府补助 | 正(弱) | 正(中) | 正(强) | 正(强) | 正(弱) | 正(弱) | 正(强) |

| 企业分类方式<br>创新激励方式 | | 企业所在地区 | | | 企业所有制 | | 企业规模 | |
|---|---|---|---|---|---|---|---|---|
| | | 东部 | 中部 | 西部 | 国企 | 非国企 | 大企业 | 中小企业 |
| 二次项 | 股权激励<br>强度 | 负<br>（弱） | 负<br>（中） | 负<br>（强） | 负<br>（强） | 负<br>（弱） | 负<br>（强） | 负<br>（弱） |
| | 专利保护<br>强度 | 负<br>（弱） | 负<br>（中） | 负<br>（强） | 负<br>（强） | 负<br>（弱） | 负<br>（强） | 负<br>（弱） |
| | 行业集<br>中度 | 负<br>（弱） | 负<br>（中） | 负<br>（强） | 负<br>（强） | 负<br>（弱） | 负<br>（强） | 负<br>（弱） |
| | 政府补助 | 负<br>（弱） | 负<br>（中） | 负<br>（强） | 负<br>（强） | 负<br>（弱） | 负<br>（强） | 负<br>（弱） |

资料来源：根据第六章相关估计结果整理。

（一）要素市场化改革对落后地区企业创新激励系统的促进作用大于发达地区企业

如表8-2所示，企业所处地区的经济发展越落后，要素市场扭曲对企业创新激励有效性的负向调节作用越大。结合不同类型企业在要素市场化程度方面的差异性可知，由于与发达地区企业相比，落后地区面临更为严重的要素市场扭曲和更高的负向调节系数，因此要素市场化改革对落后地区企业的促进作用也将大于发达地区企业。

（二）要素市场化改革对国有企业、大企业创新激励系统的促进作用大于非国有企业、中小企业

由于国有企业和大企业通常比非国有企业和中小企业面临更为严重的委托—代理问题，因此要素市场化程度每增加1个单位，对国有企业和大企业创新激励所带来的积极影响要大于非国有企业和中小企业。结合要素市场化程度方面的个体差异性进行分析，虽然国有企业和大企业的要素扭曲程度稍低于非国有企业和中小企业，但要素市场扭曲对它们技术创新激励有效性的负向影响系数却比竞争行业中的企业、非国有企业和中小企业更大。因此，随着要素市场化改革的推进和要素市场化程度的提升，国有企业和大企业的技术创新活力将获得更大提升。

# 第二节　政策建议

在相关结论的基础上，本节从完善技术创新激励系统、加强要素市场化改革和关注企业异质性三个视角提出本书的政策建议。

## 一、丰富创新激励方式，完善技术创新激励系统

在以企业为技术创新主体的国家创新体系中，如何通过建立一个完整有效的技术创新激励系统来实现对企业技术创新活动的引导和激励，是创新政策必须解决的首要问题。

### （一）完善上市公司的股权激励机制，提高股权激励强度

根据不对称信息博弈理论，股权激励机制能够满足激励相容约束，增强经理层自身利益与公司整体利益的一致性，从而使经理层自觉做出有益于企业长远发展的决策，促进企业技术创新积极性的提升。2005 年国家推行股权分置改革以来，完成股权分置改革的上市公司纷纷开始实施经理层持股这一股权激励方式。根据 Wind 数据库中的相关数据，截至 2014 年底，在工业板块的上市公司中，共有 1160 家企业实施了股权激励计划，占上市公司总数的58.32%，股权激励强度的平均值为 5.04%。但在实施过程中，仍存在股权激励方式单一、激励对象过于集中、激励强度较低、考核指标过于简单等问题。

具体而言，首先，在激励方式方面，目前中国绝大多数工业上市企业都是以股票期权为主。由于股票期权是一种"看涨期权"，被激励对象有权利在公司股票下跌时放弃行权，这种权利上的不对等性可能会导致股权激励对管理层工作努力程度的激励效果大打折扣。为此应当增加限制性股票等多种股权激励方式，提高股权激励的有效性；其次，在激励对象方面则是以公司管理层为主，缺乏对技术人才的激励。而根据以往学者的研究结论，对企业高级技术人才进行股权激励能够显著提升企业的技术创新效率（姚丽华，2014；赵登峰，2015），因此今后应增加对企业研发技术人员的股权激励；再

次，在激励强度方面，本书实证研究中样本企业的平均股权激励强度在样本考察期内呈现持续上升趋势，从 2006 年的 1.10% 上涨至 2014 年的 7.38%。不过根据计量回归结果，股权激励强度与企业研发强度之间存在显著的正相关关系。因此为了进一步激发中国工业企业的研发积极性，有必要继续提高股权激励强度；最后，在考核指标方面，目前对经理层是否达到股权激励行权条件的考核完全依照公司在上一年度的各项财务指标和市场业绩，缺乏对市场形势和项目可操作性的综合考量。尤其是对于不确定性较大的研发创新项目，可能会对经理层造成极大的压力，甚至引发创新项目的夭折。因此，未来在股权激励行权条件的指标设计方面，企业应当具体问题具体分析，出台更加细化和更加人性化的指标体系。

### （二）加强专利保护的立法和执法工作，提升知识产权保护力度

根据研究结果，专利保护制度对各种类型企业的技术创新行为都具有显著的激励作用。专利保护制度越完善，就越能消除企业研发创新的后顾之忧。我国的《专利法》自 1984 年颁布以来，先后于 1992 年、2000 年和 2008 年经历了三次修订。其中前两次修订均是迫于外界压力[1]以及吸引外资及国外先进技术的需求。这种被动修订方式的结果只是加强了对外资的知识产权保护力度，从而更加有利于引进国外先进技术，对国内企业创新积极性的激励作用则微乎其微；2008 年第三次修订的政策初衷则与前两次修订有所不同。此次修订是在全国科技大会上首次提出建设"创新型国家"发展战略的背景下进行的。旨在解决中国知识产权保护领域面临的紧迫问题，保护专利拥有者的合法权益，提高企业的自主创新能力。

经过历次修订、补充，我国逐步建立起了较为完整的专利保护立法体系。未来可通过以下几个方面来不断提升中国知识产权的保护强度：第一，在专利法立法环节，增强法律条款的科学性和实用性。如前所述，近年来，中国工业企业的技术创新模式已经逐步由引进国外先进技术转变为加强自主研发、增强自主创新能力。在这样的发展诉求下，专利法的相关政策条款也应当更

---

① 1992 年第一次修订是为了履行中美两国达成的知识产权备忘录中的相关承诺，2000 年第二次修订则是为了符合加入 WTO 的相关规定。

加注重保护国内企业的专利成果。并通过提高专利申请标准来筛选出真正高技术含量的研发成果，对企业自主研发形成倒逼机制；第二，在专利法司法环节，国家相关部门应加强对各地方专利保护司法部门的监督管理，坚决杜绝专利法司法领域的地方保护主义倾向，维护专利法的司法公正性；第三，在知识产权交易环节，加强各地技术交易市场建设。通过实证分析中的相关数据可知，中国各省市技术交易市场的技术交易成交额存在较大差距，其中经济欠发达的中西部地区的技术交易市场建设严重落后于经济发达的东南沿海省份。这将进一步限制中西部地区的专利成果市场化率，打击当地企业的技术创新积极性。为此，政府应当在当地技术交易市场的发展中充分发挥引导和服务职能。通过加强对交易行为的监督管理、完善技术合同登记制度、积极培育各类专利中介服务机构等举措，支持落后地区的技术交易市场建设，促进知识产权的跨区域流动和优化配置。

## （三）加强自然垄断行业的反垄断工作，维护公平竞争的市场秩序

根据理论分析，市场结构的垄断性特征和竞争性特征对于企业技术创新活动各有利弊。在垄断性较强的市场结构中，市场份额被少数几个实力雄厚的大企业瓜分。大企业在研发创新活动中拥有更加充足的资金支持和人才储备，但却容易存在缺乏创新活力、故步自封的问题；在竞争性较强的市场结构中，众多小企业在市场上展开激烈竞争。谁率先在创新活动中取得突破，谁就有可能在竞争中脱颖而出。然而小企业在创新过程中往往面临资金短缺、人才匮乏的问题。至于什么样的市场结构最适合激发企业的技术创新活动，则要因时、因地制宜。通过实证检验，发现现阶段我国工业企业的 R&D 强度与行业集中度成反比。说明目前我国工业企业面临的行业集中度越高，越不利于激发企业的技术创新活力。这意味着中国工业发展到当前阶段，制约企业创新的根本因素已不再是物质条件上的束缚，而是一个平等、自由、秩序、便利的市场竞争环境。

根据本书对我国工业各细分行业 HHI 指数的测度，发现行业集中度排名前几位的行业如石油和天然气开采业、石油加工炼焦和核燃料加工业、电力热力生产和供应业、煤炭开采和洗选业等均属于自然垄断行业。这些行业中的少数几个大企业占据了一半以上的市场份额，对行业竞争秩序的维护和中

小企业的发展造成了极为不利的影响。因此，为了营造一个公平竞争的市场秩序，今后应着力加强对自然垄断行业的反垄断工作。这些行业均关系国计民生且具备规模经济效应，因此通常享有豁免适用反垄断法的待遇。然而随着规制经济学理论和市场经济实践的推进，近年来自然垄断行业产业链的一些环节已具备了一定程度的可竞争性。在这样的背景下，如何对自然垄断行业进行恰当的规制和监管，成为亟待解决的问题。为此，应将"事前规制——行业监管"和"事后规制——反垄断执法"两种方式相结合，构建完整统一的二元监管体系。其中行业监管的核心是放宽市场准入、完善价格形成机制，实现政企分开和产权多元化；反垄断执法的核心是将自然垄断行业纳入反垄断法的适用范围，使自然垄断行业的反垄断工作有法可依（朱琳，2013）。

### （四）强化政府研发补助的落实机制，积极探索多种政府激励方式

根据理论分析，政府补助可以通过缓解企业创新活动的融资约束、发挥信号传递效应等途径激发企业的技术创新活动。然而相关实证结果却显示，政府补助对中国工业企业尤其是非国有企业和中小企业创新积极性的激励作用尚未得到充分发挥。究其原因，一方面是因为目前中国政府的研发补助政策在实施过程中存在"重审批、轻落实"的问题。在这种情况下，许多获得政府研发补助的企业并未将补助资金用于研发创新，或减少自身本将用于创新活动的资金，即所谓的政府补助对企业研发投入的"挤出效应"。最终导致政府补助对企业创新活动融资约束的缓解效应十分有限；另一方面要素市场扭曲和企业寻租活动等现象对政府补助的信号传递功能造成了干扰，限制了政府补助的外部资金吸引能力。为此，在今后的工作中，应当更加注重政府补助的落实环节，加强政府补助落实机制和监管体系建设，创新事中事后监管方式，全面贯彻"双随机、一公开①"原则，提升政府补贴监管工作的公平性、规范性、简约性，使政府的研发补助资金落到实处。其次，通过不断深化要素市场化改革、减少寻租空间等举措，降低制度层面的缺陷对政府

---

① 李克强总理在 2016 年 3 月 5 日政府工作报告中指出，要创新事中事后监管方式，全面推行"双随机、一公开"监管，即随机抽取检查对象，随机选派执法检查人员，及时公布查处结果。

补助信号传递功能造成的不利影响。

另外，为了切实提升政府对我国工业企业技术创新活动的激励作用，还应进一步开发其他类型的政府激励方式，丰富政府激励政策体系。如前所述，政府采购制度和风险投资政策这两类政府激励措施在发达国家得到了广泛运用并取得了显著效果，然而在我国工业领域尚未得到普及推广。目前，在全球新技术革命浪潮汹涌、国内企业技术创新能力亟待提高的现实背景下，十分有必要对《政府采购法》进行重新修订。强化政府采购支持企业技术创新的政策取向，积极开发新产品招标、中小企业创新采购、政府信用采购（李建军和朱春奎，2015）等多种采购方式。同时提高采购过程的透明度和公平性，充分发挥政府采购对企业技术创新的引领和激励作用。在风险投资政策方面，中国目前尚处于起步阶段。根据发达国家的相关经验，未来在金融市场不断完善的大背景下，可通过成立非营利性的风险投资基金、对风险投资机构实施经济补贴或税收优惠、为企业提供信用担保等方式，充分发挥风险投资对企业技术创新活动的资金支持作用。

## 二、深入推进要素市场化改革，完善要素价格传导机制

要素市场的不完善会影响社会经济的方方面面。根据实证结果，要素市场化改革对各种企业技术创新激励方式存在显著的促进效应。因此今后应加大要素市场化改革力度，降低传统要素市场扭曲对企业技术创新的不利影响。同时积极培育新兴要素市场，充分释放其对企业技术创新的积极作用。

### （一）促进跨区域的技术交流和要素流动，缩小要素边际产出差距

如前所述，我国不同地区间的要素价格相对扭曲问题主要是由地区间的要素边际产出差距引发的。据此，要想切实缩小要素市场化程度的地区差异，需要抓住造成区域间要素边际产出差距的关键原因并加以解决。众所周知，要素边际产出是企业生产率水平的一种体现。要想提高企业的边际生产力，要么提高生产设备或生产工艺的技术水平；要么提升要素本身的质量。可见，缩小地区层面要素边际产出差距存在两种思路：一是提升落后地区企业的技术水平；二是提高落后地区生产要素的质量。为此在今后的工作中，首先，

政府应通过建立技术交流平台、扶植技术交流中介组织等方式，促进不同区域之间企业层面的技术交流与合作，促进技术资源的跨地区优化配置；其次，政府应当加大对中西部企业生产设备及生产工艺改良的支持力度，运用高技术含量的先进设备武装中西部企业，缩小生产技术方面的地区差异；再次，继续推进利率市场化改革和户籍制度改革，减少资本和劳动力资源跨区域流动的制度障碍，缩小要素价格的个体差异，提升资本和劳动力资源的配置效率；最后，加强中西部地区的基础设施建设和人才引进计划，改善中西部地区的投资、就业环境，助力中西部地区通过"筑巢引凤"实现技术水平和要素质量的快速提升。

（二）加快培育数据要素市场，充分释放数据要素对企业创新的促进作用

为加快推动要素市场化改革，2020 年 3 月中共中央发布了《关于构建更加完善的要素市场化配置体制机制的意见》，并首次将"数据"列入要素市场化改革的范畴。由机制分析可知，数据要素通过环境优化效应、信息挖掘效应、数据共享效应等对企业技术创新形成独特的强大推动力，这一点是其他要素无可比拟、无法替代的。因此，数字经济时代的要素市场化改革应把加快培育数据要素市场作为重中之重。采取一系列措施积极推进数据要素开放共享，提高数据资源的利用效率。具体包括：第一，优化经济治理基础数据库。加快推动各地区各部门间数据共享交换，建立促进企业登记、交通运输、气象等公共数据开放和数据资源有效流动的制度规范。第二，培育数字经济新产业、新业态和新模式。支持构建农业、工业、交通、教育、安防、城市管理、公共资源交易等领域规范化数据开发利用的场景，促进数据资源优化配置。第三，探索建立统一规范的数据管理制度，提高数据质量和规范性。根据数据性质制定数据产权保护制度、数据隐私保护制度和安全审查制度，加强对政务数据、企业商业秘密和个人数据的保护。

（三）建立工资增长长效机制，提高劳动者议价能力

根据实证研究结果，近年来，我国工业企业的工资水平虽然有所提高，但工资增长速度始终赶不上劳动边际产出的提升速度，导致劳动力的实际价

格与其边际产出水平的差距即劳动价格被低估程度不断恶化①。因此，为了缓解劳动价格被低估问题，有必要建立工资增长的长效机制，使工资水平能够真实反映劳动者的边际产出状况。根据亚当·斯密的工资决定理论，工资作为劳动的价格，有"自然价格"和"市场价格"之分。其中自然价格是指劳动者为维持自身及家庭所必需的生活资料的价值。它由地区经济发展水平、物价指数等因素决定；市场价格是指劳动者在劳动力市场上的真实价值，由劳动力市场的供求状况决定。另外，根据制度学派的工资理论，工会力量、劳动力市场分割、政府的宏观调控等制度因素也会影响工资水平。综上所述，一个科学合理的工资增长机制应当以劳动边际产出为基础，以政府综合考虑地区、行业、所有制等层面公平性的宏观调控为指导，同时与地区经济发展水平和物价指数实现联动（宋晶等，2015）。

可见，一个有效的工资增长机制需要劳动者、企业和政府三方的共同努力。为此，今后应通过以下几种途径构建完善的工资增长长效机制：第一，提高劳动者的工资议价能力。劳动者的工资议价能力是工资增长机制的核心。政府制定的工资增长机制再完善，如果企业职工缺乏足够的工资议价能力，也只能任由企业损害其自身利益。为了提升员工的工资议价能力，政府应当加强保护劳动者权益的立法和执法工作，提高劳动者在劳务市场上的地位，加大企业侵害劳动者合法权益的处罚力度；完善基层工会组织建设，推进工资集体协商机制，切实维护劳动者合法权益；加强对企业的社会责任宣传教育，督促企业切实履行社会责任、构建和谐劳务关系。第二，引导企业建立健全员工薪酬激励机制和技能培训体系。通过对企业职工进行薪酬激励和职业技能培训，能够提高职工的工作积极性和知识水平。在增强劳动者竞争能力的同时，还能够提升企业的生产效率，实现劳动者和企业利益的统一。第三，完善工资待遇与地区经济发展水平及物价指数的联动机制。如果劳动者报酬与地区经济发展水平及物价指数无法实现同步变动，那么当物价水平提高时，劳动者的实际工资水平和购买力是下降的。这将导致劳动价格被低估程度的恶化和市场需求的萎缩。当然，考虑到工资水平具有"棘轮效应"即向下的刚性，因此将工资增长与物价水平变动完全挂钩的做法在经济下行期

---

① 除此之外，根据学者们的分析，工资增长缓慢还会造成内需不振、社会不稳定因素增强等经济社会问题。

显然是行不通的。为此可以采取折中的方法，将工资中的可变部分（非基本工资）与地区物价水平挂钩，从而提高工资水平的时效性和灵活性。

（四）营造公平竞争的要素市场环境，为市场经济的健康发展扫除障碍

为了提高中国工业的要素市场市场化程度，提高要素市场化水平，应当尽量提高政府规制手段和宏观调控政策的科学性、公平性、有效性，为企业营造公平竞争的要素市场环境，政府应当善于利用恰当的政府规制手段和宏观调控政策来化解市场失灵问题，为市场经济的健康发展扫除障碍。

### 三、在制定创新激励政策时更加关注企业的异质性

如前所述，无论是在地区、行业层面，还是在企业所有制或企业规模层面，企业所面临的要素市场化程度、各种创新激励方式的有效性以及要素市场扭曲对企业创新激励有效性的负向调节作用都存在显著差异。因此今后在制定创新激励政策时，应做到因地区而异、因行业而异、因企业而异。

在地区层面，首先，要素市场化程度上的差异性主要是由地区之间在要素边际产出水平方面的差异所导致的。为此应当着力提升落后地区的要素边际产出。具体措施在前文要素市场化改革部分已有详细论述，此处不再赘述。其次，造成各种创新激励方式有效性存在地区差异的原因比较复杂。其中股权激励机制和专利保护制度方面的差异性主要是由公司内、外部制度因素的发展水平所决定的。因此在未来的创新激励政策制定和实施过程中，应当对欠发达地区的公司治理能力、知识产权保护水平等制度因素的培育给予更多关注。行业集中度对发达地区企业技术创新激励的负向影响效应大于欠发达地区企业。因此今后应当加强发达地区的反垄断工作力度，加强对发达地区垄断型大企业的日常反垄断监管和处罚力度。同时着力提升欠发达地区龙头企业、明星企业的全国市场竞争力，以充分发挥其对区域内其他企业的示范、带动作用。政府补贴对发达地区企业的创新激励作用弱于落后地区企业，一方面是由于欠发达地区的政府补贴政策在补贴力度和"保护弱者"倾向方面都高于发达地区；另一方面也与政府补贴政策设计有关。因此发达

地区在政府补贴政策的制定和实施过程中，应当加强对中小企业的扶持力度以及对落实效果的监管力度。最后，要素市场化对创新激励有效性的地区差异主要是由地区之间在市场化程度和企业竞争实力方面的差异所造成的。因此在未来政策制定过程中，一方面要从制度层面加强落后地区的市场化建设，提升落后地区产品和要素市场的市场化水平，缩小市场化水平的地区差异，建设全国统一的大市场；另一方面要从微观层面助力落后地区企业做大做强，加强对落后地区企业的财政补贴和金融支持，提升企业的融资水平和抗风险能力。

在行业层面，垄断行业资本价格和劳动价格的被低估程度均低于竞争行业，分别是由其较低的资本边际产出和较高的工资水平所导致的。因此为了缩小要素市场扭曲的行业差异，需要在提升垄断行业的资本边际产出水平和提高竞争行业员工的工资待遇这两方面下功夫。为此，应当对垄断行业的银行贷款行为加以限制，降低其资本密集度和经营风险；同时打破垄断行业对外部人员设置的极高的进入门槛，着力消除工资水平和福利待遇方面的行业差异。另外，要素市场化对垄断行业创新激励有效性的负向调节作用高于竞争行业。根据分析，其原因主要在于垄断行业的企业在既得利益分配优于竞争行业的企业。因此在制定创新激励政策时，应当充分考虑不同行业的企业在市场地位方面的差异，增强垄断行业内企业的忧患意识和竞争精神，同时加强对垄断行业的监管和处罚力度。

在企业所有制层面，较低的资本和劳动边际产出以及较高的劳动力成本导致国有企业的资本价格和劳动价格市场化程度均低于非国有企业。由此可见，未来在国有企业改革过程中，应注重提高国有企业的要素边际产出水平，杜绝粗放式扩张；同时继续实施减员增效，帮助国有企业减轻体制性包袱，降低用人成本。不同所有制企业在创新激励有效性以及要素市场化情况下创新激励有效性方面的差异主要是由产权保护水平、市场化程度、企业融资能力及寻租能力等内外部因素决定的。因此在创新政策的制定和实施过程中，应当对国有企业和非国有企业在以上几方面的差异性给予更多关注。具体办法与前文地区层面的内容类似，此处不再赘述。

在企业规模层面，大企业与中小企业在要素市场化程度上的差异不像地区、行业或企业所有制层面那么大，但在创新激励有效性以及要素市场化情况下创新激励有效性方面存在明显差异。造成这些差异的原因与企业所有制层面差异性的原因是一致的，因此不再赘述。

总之，不同类型企业在要素边际产出、要素需求弹性、融资能力、公司治理水平等内部因素与寻租空间、专利保护程度、市场化水平等外部因素方面的差距，造成了它们在要素市场扭曲、创新激励有效性以及要素市场扭曲情况下创新激励有效性等方面的差异性。因此在创新激励政策的制定和实施过程中，应当对这些差异的来源和表现方式给予更多的关注和重视，从而提升创新激励政策的有效性，并缩小不同类型企业在技术创新积极性和技术水平方面的差距。

## 第三节　研究展望

本书基于技术创新经济学、要素价格均衡理论、公司治理理论、产权理论、寻租理论等相关经济学理论，系统考察了要素市场化情况下企业技术创新激励政策的作用机制和影响效应，为我国技术创新激励系统的完善提供了决策参考。然而囿于个人知识储备、统计数据以及写作时间的局限，本书仍存在许多缺陷和不足，未来的研究可以从以下几方面深入展开：

第一，运用归纳和演绎的方法对各类技术创新激励方式的作用机制进行了系统分析，并运用中国工业上市公司的样本数据对理论分析进行了实证检验，但并未借助数理模型来增加理论推导的科学性和严谨性。随着博弈论在西方经济学中的广泛应用，未来的技术创新激励研究可更多地利用博弈论模型进行推演。比如可以运用"委托—代理模型"来研究股权激励机制对企业技术创新积极性的影响；运用"观望博弈"来考察专利的专有性问题所引发的创新投资动力不足等。

第二，由于性质差异和数据缺失，本书对"要素"的考察并未将土地这一类重要的生产要素纳入其中。以往学者对于土地要素的分析也极为缺乏。另外，理论分析部分将数据要素纳入研究范围。但受到数据和方法的局限，实证分析部分并未考虑数据要素。未来可以通过翻阅政府出售土地的相关招投标公告等资料，来搜集土地价格信息，从而对土地价格市场化程度及其对企业技术创新激励的影响效应进行专门研究。同时随着数字经济的快速发展，未来可以逐步突破数据和方法的局限性，对数据要素影响企业技术创新的实际效果进行实证检验。

第三，受样本范围（中国工业上市公司）的限制，实证检验结果可能并不适用于大多数小微型企业。而在现实中，与大型上市公司相比，中小企业的技术创新激励问题更加引人关注。如何激励中小企业积极投身技术创新大潮，是我国技术创新激励政策亟待解决的难题。因此，在未来研究中，可以通过问卷调查等方式来拓宽样本范围，对中小企业的技术创新现状给予更多关注，努力提升中小企业的创新积极性。

# 参考文献

[1] 阿道夫·伯利，加德纳·米恩斯．现代公司与私有财产［M］．北京：商务印书馆，2005。

[2] 安同良，姜妍．中国特色创新经济学的基本理论问题研究［J］．经济学动态，2021（4）：15-26。

[3] 安同良，周绍东，皮建才．R&D 补贴对中国企业自主创新的激励效应［J］．经济研究，2009（10）：87-98。

[4] 蔡昉．工资与劳动生产率的赛跑［J］．贵州财经学院学报，2012（3）：1-5。

[5] 蔡卫星，高明华，李国文．政府支持，贷款可获得性与中小企业研发决策［J］．研究与发展管理，2015，27（5）：12-21。

[6] 曹玉贵，李一秀．技术要素参与收益分配方式的比较分析［J］．华北水利水电学院学报（社科版），2008（4）：57-59。

[7] 柴斌锋．中国民营上市公司 R&D 投资与资本结构，规模之间关系的实证研究［J］．科学学与科学技术管理，2011，32（1）：40-47。

[8] 陈斌开，林毅夫．金融抑制，产业结构与收入分配［J］．世界经济，2012（1）：3-23。

[9] 陈方丽，胡祖光．技术要素参与收益分配量化方案设计及实施研究［J］．科研管理，2008（2）：89-96。

[10] 陈艳莹，王二龙．要素市场扭曲、双重抑制与中国生产性服务业全要素生产率：基于中介效应模型的实证研究［J］．南开经济研究，2013（5）：71-82。

[11] 陈永伟，胡伟民．价格扭曲，要素错配和效率损失：理论和应用［J］．经济学（季刊），2011，10（4）：1401-1422。

[12] 程仲鸣．股权激励机制下管理层寻租行为分析［J］．江苏商论，

2010 (11)：110 - 112。

[13] 崔显芳. 我国专利行政保护制度研究 [D]. 济南：山东大学，2013。

[14] 戴魁早，刘友金. 要素市场扭曲，区域差异与 R&D 投入——来自中国高技术产业与门槛模型的经验证据 [J]. 数量经济技术经济研究，2015 (9)：3 - 19。

[15] 戴魁早，刘友金. 要素市场扭曲的研发效应及企业差异——中国高技术产业的经验证据 [J]. 科学学研究，2015，33 (11)：1660 - 1668。

[16] 道格拉斯·诺斯. 经济史中的结构变迁 [M]. 上海：上海三联书店，1991：166。

[17] 德勤中国，阿里研究院. 数据资产化之路数据资产的估值与行业实践 [R]，2019。

[18] Démurger S.，Fournier M.，李实，魏众. 中国经济改革与城镇劳动力市场分割——不同地区职工工资收入差距的分析 [J]. 中国人口科学，2008 (2)：2 - 11。

[19] 邓俊荣，龙蓉蓉. 中国风险投资对技术创新作用的实证研究 [J]. 技术经济与管理研究，2013 (6)：49 - 52。

[20] 邓少慧，黄何. 我国技术市场发展的政策体系，特征分析与对策建议 [J]. 科技和产业，2020 (9)：45 - 50。

[21] 杜伟. 企业技术创新激励制度论 [D]. 成都：四川大学，2002：49。

[22] 杜鑫. 中国垄断性行业与竞争性行业的收入差距：基于北京市微观数据的研究 [J]. 南开经济研究，2010 (5)：111 - 124。

[23] 樊纲，王小鲁，马光荣. 中国市场化进程对经济增长的贡献 [J]. 经济研究，2011 (9)：4 - 16。

[24] 樊纲，王小鲁，朱恒鹏. 中国市场化指数——各地区市场化相对进程2011年报告 [M]. 北京：经济科学出版社，2011。

[25] 冯根福，温军. 中国上市公司治理与企业技术创新关系的实证分析 [J]. 中国工业经济，2008 (7)：91 - 101。

[26] 冯晓莉. 我国企业技术创新动力机制研究 [D]. 西安：西北大学，2005。

[27] 冯宗宪，王青，侯晓辉. 政府投入，市场化程度与中国工业企业

的技术创新效率 [J]. 数量经济技术经济研究, 2011, 28 (4): 3-17。

[28] 傅家骥. 技术创新学 [M]. 北京: 清华大学出版社, 1998。

[29] 盖庆恩, 朱喜, 程名望, 等. 要素市场扭曲, 垄断势力与全要素生产率 [J]. 经济研究, 2015, 50 (5): 61-75。

[30] 龚关, 胡关亮. 中国制造业资源配置效率与全要素生产率 [J]. 经济研究, 2013 (4): 4-15。

[31] 顾海. 企业技术创新激励机制的探析 [J]. 南京社会科学, 2001 (9): 30-32。

[32] 郭凤鸣, 李志玲. 市场分割还是户籍歧视——农民工与城镇工过度劳动差异成因分析 [J]. 制度经济学研究, 2020 (3): 74-94。

[33] 哈耶克. 个人主义与经济秩序 [M]. 上海: 三联书店, 2003。

[34] 韩玉雄, 李怀祖. 关于中国知识产权保护水平的定量分析 [J]. 科学学研究, 2005, 23 (3): 377-382。

[35] 贺灵, 付丽娜. 创新要素协同、市场化改革与制造业高质量发展 [J]. 财经理论与实践, 2021, 42 (6): 126-131。

[36] 侯晓红, 周浩. 股权激励计划对企业创新投入的影响 [J]. 科学决策, 2014 (5)。

[37] 胡凯, 蔡红英, 吴清. 中国的政府采购促进了技术创新吗? [J]. 财经研究, 2013, 39 (9): 1-11。

[38] 胡凯, 吴清, 胡毓敏. 知识产权保护的技术创新效应——基于技术交易市场视角和省级面板数据的实证分析 [J]. 财经研究, 2012, 38 (8): 15-25。

[39] 黄淙淙. 产权性质, 股权激励与企业技术创新——基于我国中小板上市公司的经验分析 [J]. 财政研究, 2011 (9): 71-74。

[40] 黄健柏, 徐震, 徐珊. 土地价格扭曲, 企业属性与过度投资——基于中国工业企业数据和城市地价数据的实证研究 [J]. 中国工业经济, 2015 (3): 57-69。

[41] 黄鹏, 张宇. 中国要素价格相对扭曲对企业技术创新影响的研究——基于微观企业数据的 Probit 检验 [J]. 上海经济研究, 2014 (7): 31-41。

[42] 姜宁, 黄万. 政府补贴对企业 R&D 投入的影响——基于我国高技

术产业的实证研究 [J]. 科学学与科学技术管理, 2010, 31 (7): 28 - 33。

[43] 姜学勤. 要素市场扭曲与中国宏观经济失衡 [J]. 长江大学学报 (社会科学版), 2009 (1): 59 - 62。

[44] 蒋洁. 培育发展数据要素市场的疑难问题与法律应对 [J]. 图书与情报, 2020, 193 (3): 28 - 30。

[45] 解维敏, 方红星. 金融发展、融资约束与企业研发投入 [J]. 金融研究, 2011 (5): 171 - 183。

[46] 金玉国. 工资行业差异的制度诠释 [J]. 统计研究, 2005 (4): 10 - 15。

[47] 晋利珍. 劳动力市场行业分割在中国的验证 [J]. 人口与经济, 2009 (5): 35 - 40。

[48] 寇宗来, 高琼. 市场结构, 市场绩效与企业的创新行为——基于中国工业企业层面的面板数据分析 [J]. 产业经济研究, 2013 (3): 1 - 11。

[49] 赖普清, 姚先国. 再议劳动者地位问题: 劳动力产权强度的视角 [J]. 学术月刊, 2011 (3): 73 - 80。

[50] 赖小琼. 中国劳动力市场性别歧视状况及其分析——一个新政治经济学的角度 [D]. 厦门: 厦门大学, 2007。

[51] 李昊, 周惠来, 黄悦悦, 付志新. 河南省技术市场发展现状与建议 [J]. 河南科学, 2020, 264 (11): 164 - 169。

[52] 李汇东, 唐跃军, 左晶晶. 用自己的钱还是用别人的钱创新?——基于中国上市公司融资结构与公司创新的研究 [J]. 金融研究, 2013 (2): 170 - 183。

[53] 李丽青. 税收激励对企业 R&D 投资的影响 [J]. 科学学与科学技术管理, 2007, 28 (4): 29 - 32。

[54] 李平, 季永宝, 桑金琰. 要素市场扭曲对我国技术进步的影响特征研究 [J]. 产业经济研究, 2014 (5): 63 - 71。

[55] 李平, 季永宝. 要素市场扭曲是否抑制了我国自主创新 [J]. 世界经济研究, 2014 (1): 10 - 15。

[56] 李善同, 侯永志, 刘云中, 等. 中国国内地方保护问题的调查与分析 [J]. 经济研究, 2004 (11): 78 - 84。

[57] 李实, 宋锦, 刘小川. 中国城镇职工性别工资差距的演变 [J].

管理世界，2014（3）：53 – 65。

［58］李晓宁，邱长溶. 工资差异的国内研究综述 ［J］. 首都经济贸易大学学报，2007，9（3）：109 – 114。

［59］林伯强，杜克锐. 要素市场扭曲对能源效率的影响 ［J］. 经济研究，2013（9）：125 – 136。

［60］林炜. 企业创新激励：来自中国劳动力成本上升的解释 ［J］. 管理世界，2013（10）：95 – 105。

［61］林毅夫. 发展战略，自生能力和经济收敛 ［J］. 经济学（季刊），2002，1（2）：269 – 300。

［62］林在进. 要素市场扭曲与制造业资本深化——基于中国工业企业诱致性技术变迁及其影响的实证研究 ［D］. 广州：暨南大学，2013。

［63］刘春林，彭纪生. 基于专利期限的技术创新激励模型研究 ［J］. 科研管理，2004，25（1）：29 – 33。

［64］刘放，杨筝，杨曦. 制度环境、税收激励与企业创新投入 ［J］. 管理评论，2016，28（2）：61 – 73。

［65］刘凤朝，林原，马荣康. 技术交易对区域间技术相似性的影响研究 ［J］. 管理学报，2018（8）：59 – 65 + 102。

［66］柳剑平，郑绪涛. 专利制度：对技术创新的激励作用及其优化 ［J］. 湖北行政学院学报，2008（1）：58 – 60。

［67］柳卸林. 技术创新经济学（第2版）［M］. 北京：清华大学出版社，2014。

［68］娄贺统. 我国企业技术创新的税收激励效应研究 ［D］. 上海：复旦大学，2007。

［69］卢峰，姚洋. 金融压抑下的法制、金融发展与经济增长 ［J］. 中国社会科学，2004（1）：43 – 49。

［70］陆岷峰，王婷婷. 数字化管理与要素市场化：数字资产基本理论与创新研究 ［J］. 南方金融，2020（8）：10。

［71］罗德明，李晔，史晋川. 要素市场扭曲，资源错置与生产率 ［J］. 经济研究，2012（3）：4 – 14。

［72］罗知，赵奇伟. 为什么中国高投资与低劳动收入占比并存？——劳动生产率与工资增速差距的视角 ［J］. 世界经济文汇，2013（6）：1 – 13。

[73] 毛其淋，许家云．政府补贴对企业新产品创新的影响——基于补贴强度"适度区间"的视角 [J]．中国工业经济，2015（6）：94 – 107．

[74] 毛其淋．要素市场扭曲与中国工业企业生产率——基于贸易自由化视角的分析 [J]．金融研究，2013（2）：156 – 169．

[75] 彭鸿广．政府技术采购中的创新激励机制研究 [D]．上海：上海交通大学，2012．

[76] 彭云．大数据环境下数据确权问题研究 [J]．现代电信科技，2016，46（5）：17 – 20．

[77] 乔明睿，钱雪亚，姚先国．劳动力市场分割，户口与城乡就业差异 [J]．中国人口科学，2009（1）：32 – 41．

[78] 任广乾，王昌明．基于公司治理结构的我国企业技术创新研究 [J]．商场现代化，2007（3）：72 – 73．

[79] 邵敏，包群．地方政府补贴企业行为分析：扶持强者还是保护弱者？[J]．世界经济文汇，2011（1）：56 – 72．

[80] 沈运红，黄桁．数字经济水平对制造业产业结构优化升级的影响研究——基于浙江省 2008 – 2017 年面板数据 [J]．科技管理研究，2020，040（003）：147 – 154．

[81] 施炳展，冼国明．要素市场扭曲与中国工业企业出口行为 [J]．中国工业经济，2012（2）：47 – 56．

[82] 石庆芳．要素市场扭曲、收入分配与消费需求 [D]．天津：南开大学，2014．

[83] 宋河发，张思重．自主创新政府采购政策系统构建与发展研究 [J]．科学学研究，2014，32（11）：1639 – 1645．

[84] 宋晶，陈园园，刘绍权．企业职工工资正常增长机制研究 [J]．财政研究，2015（11）：52 – 55．

[85] 孙莹．税收激励政策对企业创新绩效的影响研究 [D]．上海：东华大学，2013．

[86] 孙早，刘李华，孙亚政．市场化程度，地方保护主义与 R&D 的溢出效应——来自中国工业的经验证据 [J]．管理世界，2014（8）：78 – 89．

[87] 孙铮，刘凤委，李增泉．市场化程度，政府干预与企业债务期限结构 [J]．经济研究，2005，5（5）：52 – 63．

［88］汤业国，徐向艺．中小上市公司股权激励与技术创新投入的关联性——基于不同终极产权性质的实证研究［J］．财贸研究，2012（2）：127 - 133。

［89］田永坡，蔡学军，李倩．创新驱动背景下我国技术要素参与收入分配的政策研究［J］．中国人力资源开发，2015（11）：66 - 70。

［90］汪伟，潘孝挺．金融要素扭曲与企业创新活动［J］．统计研究，32（5）：26 - 31。

［91］汪晓春．企业创新投资决策的资本结构条件［J］．中国工业经济，2002（10）：89 - 95。

［92］王芳．关于数据要素市场化配置的十个问题［J］．图书与情报，2020，193（3）：15 - 19。

［93］王宏伟，李平．深化科技体制改革与创新驱动发展［J］．求是学刊，2015，42（5）：49 - 56。

［94］王华．更严厉的知识产权保护制度有利于技术创新吗？［J］．经济研究，2011（S2）：124 - 135。

［95］王任飞．企业 R&D 支出的内部影响因素研究——基于中国电子信息百强企业之实证［J］．科学学研究，2005，23（2）：225 - 231。

［96］王宋涛，朱腾腾，燕波．制度环境、市场分割与劳动收入份额——理论分析与基于中国工业企业的实证研究［J］．南开经济研究，2017（3）：70 - 87。

［97］王遂昆，郝继伟．政府补贴，税收与企业研发创新绩效关系研究——基于深圳中小板上市企业的经验证据［J］．科技进步与对策，2014，31（9）：92 - 96。

［98］王庭东．政策引致性扭曲：开放效益的体制因素［D］．上海：上海社会科学院，2007。

［99］王新红，甄程．R&D 投入影响因素的研究综述［J］．生产力研究，2011（4）：205 - 208。

［100］王争，史晋川．中国私营企业的生产率表现和投资效率［J］．经济研究，2008（1）：114 - 126。

［101］维克托·弗鲁姆．工作与激励［M］．北京：中国人民大学出版社，1964。

[102] 吴延兵. 中国工业 R&D 投入的影响因素 [J]. 产业经济研究, 2009 (6): 13-21。

[103] 吴延兵. 中国工业产业创新水平及影响因素——面板数据的实证分析 [J]. 产业经济评论, 2006 (2): 155-171。

[104] 希克斯. 工资理论 [M]. 北京: 商务印书馆, 1989。

[105] 夏凡, 冯华. 技术市场规模与区域技术进步——基于创新投入的多重中介效应分析 [J]. 宏观经济研究, 2020 (1): 95-111+140。

[106] 夏晓华, 李进一. 要素价格异质性扭曲与产业结构动态调整 [J]. 南京大学学报 (哲学. 人文科学. 社会科学版), 2012 (3): 40-48。

[107] 夏义堃. 数据要素市场化配置与深化政府数据治理方式变革 [J]. 图书与情报, 2020, 193 (3): 20-22。

[108] 向刚, 汪应洛. 企业持续创新动力机制研究 [J]. 科研管理, 2004, 25 (6): 108-114。

[109] 肖淑芳, 张晨宇, 张超, 等. 股权激励计划公告前的盈余管理——来自中国上市公司的经验证据 [J]. 南开管理评论, 2009 (4): 113-119。

[110] 肖星, 陈婵. 激励水平, 约束机制与上市公司股权激励计划 [J]. 南开管理评论, 2013, 16 (1): 24-32。

[111] 邢斐. 加强专利保护对我国创新活动影响的实证研究 [J]. 科学学研究, 2009, 27 (10): 1495-1499。

[112] 徐朝阳, 白艳, 王韡. 要素市场化改革与供需结构错配 [J]. 经济研究, 2020, 55 (2): 20-35。

[113] 徐翔, 厉克奥博, 田晓轩. 数据生产要素研究进展 [J]. 经济学动态, 2021 (4): 142-158。

[114] 徐志刚, 宁可, 朱哲毅, 李明. 市场化改革、要素流动与我国农村内部收入差距变化 [J]. 中国软科学, 2017 (9): 38-49。

[115] 徐志明. 中小企业技术创新的市场激励——基于江苏省 264 家企业的实证分析 [J]. 企业活力, 2010 (9): 53-57。

[116] 许春明, 单晓光. 中国知识产权保护强度指标体系的构建及验证 [J]. 科学学研究, 2008, 26 (4): 715-723。

[117] 许培源, 章燕宝. 行业技术特征, 知识产权保护与技术创新 [J]. 科学学研究, 2014, 32 (6): 950-960。

[118] 杨建君，盛锁．股权结构对企业技术创新投入影响的实证研究 [J]．科学学研究，2007，25（4）：787－792。

[119] 杨锐．培育数据要素市场的关键：数据供给的市场化 [J]．图书与情报，2020，193（3）：33－34。

[120] 杨洋，魏江，罗来军．谁在利用政府补贴进行创新？——所有制和要素市场扭曲的联合调节效应 [J]．管理世界，2015（1）：75－86。

[121] 姚丽华．股权激励对企业创新绩效的影响 [D]．厦门：厦门大学，2014。

[122] 姚先国，赖普清．中国劳资关系的城乡户籍差异 [J]．经济研究，2004（7）：82－90。

[123] 姚瑶，刘文革．要素市场扭曲对企业家才能配置的影响研究——基于动态面板系统 GMM 的研究方法 [J]．浙江工商大学学报，2015（1）：72－81。

[124] 尹洁．中国风险投资与高新技术产业创新 [D]．杭州：浙江大学，2012。

[125] 余长林，王瑞芳．发展中国家的知识产权保护与技术创新：只是线性关系吗？[J]．当代经济科学，2009（3）：92－100。

[126] 约瑟夫·熊彼特．经济发展理论 [M]．北京：商务印书馆，2001：73－74。

[127] 约瑟夫·熊彼特．资本主义、社会主义与民主 [M]．北京：商务印书馆，1979：103。

[128] 岳希明，蔡萌．垄断行业高收入不合理程度研究 [J]．中国工业经济，2015（5）：5－17。

[129] 詹·法格博格等主编，柳卸林等译．牛津创新手册 [M]．北京：知识产权出版社，2009：276－277。

[130] 詹姆斯·布坎南著，吴良健等译．自由，市场和国家 [M]．上海：三联书店，1988。

[131] 张海峰，姚先国，张俊森．教育质量对地区劳动生产率的影响 [J]．经济研究，2010，7（9）：57－67。

[132] 张化尧，史小坤．大中型企业 R&D 投入影响因素和技术现状分析 [J]．科研管理，2009（2）：33－39。

[133] 张亮亮，陈志．培育数据要素市场需加快健全数据产权制度体系 [J]．科技中国，2020，272（5）：21－24。

[134] 张杰，芦哲，郑文平，等．融资约束，融资渠道与企业 R&D 投入 [J]．世界经济，2012（10）：66－90。

[135] 张杰，张少军，刘志彪．多维技术溢出效应，本土企业创新动力与产业升级的路径选择——基于中国地方产业集群形态的研究 [J]．南开经济研究，2007（3）：47－67。

[136] 张杰，周晓艳，李勇．要素市场扭曲抑制了中国企业 R&D? [J]．经济研究，2011（8）：78－91。

[137] 张杰等．要素市场扭曲是否激发了中国企业出口 [J]．世界经济，2011（8）：134－160。

[138] 张林，莫彩玲．中国技术市场的时空演变特征 [J]．经济地理，2020（9）：125－132。

[139] 张敏，张胜，申慧慧等．政治关联与信贷资源配置效率——来自我国民营上市公司的经验证据 [J]．管理世界，2010（11）：143－153。

[140] 张倩，谭慧敏．专利制度对技术创新的激励作用——法经济学视角的分析 [J]．成都大学学报：社会科学版，2008（2）：9－11。

[141] 张维迎．公有制经济中的委托人——代理人关系：理论分析和政策含义 [J]．经济研究，1995，4（10）：10－20。

[142] 张旭升，孟庆伟．企业技术创新的产权激励模式 [J]．科研管理，1998，19（3）：31－37。

[143] 张亚萍，朱录，胡兰丽．技术市场对重大科技创新影响的实证分析——技术输出与技术吸纳视角．科技进步与对策，2020，37（19）：24－31。

[144] 张震宇．中国传统制造业中小企业自主创新动力要素及其作用路径研究 [D]．成都：西南交通大学，2013。

[145] 章莉，李实，William A.，Rhonda V S．中国劳动力市场就业机会的户籍歧视及其变化趋势 [J]．财经研究，2016，42（1）：4－16。

[146] 章元，王昊．城市劳动力市场上的户籍歧视与地域歧视：基于人口普查数据的研究 [J]．管理世界，2011（7）：42－51。

[147] 赵大平．政府对高科技企业创新激励模式及效率分析——以浦东

新区为例 [J]. 生产力研究, 2014 (4): 16 – 20。

[148] 赵登峰, 唐杰, 陈勇. 人力资本, 内部股权激励与创新企业长期产出的增长路径 [J]. 南开经济研究, 2015 (2): 3 – 23。

[149] 赵自芳. 生产要素市场扭曲的经济效应——基于中国转型时期的实证研究 [D]. 杭州: 浙江大学, 2007。

[150] 郑刚, 刘仿, 徐峰, 彭新敏. 非研发创新: 被忽视的中小企业创新另一面 [J]. 科学学与科学技术管理, 2014, 35 (1): 140 – 146。

[151] 郑振雄, 刘艳彬. 要素市场扭曲的 R&D 支出效应实证分析——基于大中型工业企业面板 [J]. 社会科学家, 2013 (7): 63 – 66。

[152] 周黎安, 罗凯. 企业规模与创新: 来自中国省级水平的经验证据 [J]. 经济学 (季刊), 2005, 4 (3): 623 – 638。

[153] 周黎安. 中国地方官员的晋升锦标赛模式研究 [J]. 经济研究, 2007 (7): 36 – 50。

[154] 周仁俊, 高开娟. 大股东控制权对股权激励效果的影响 [J]. 会计研究, 2012 (5): 50 – 58。

[155] 朱琳. 自然垄断行业监管模式研究: 以石油行业垄断为视角 [D]. 重庆: 西南大学, 2013。

[156] 庄子银, 段思淼. 区域技术市场发展对创新的驱动作用——来自 2002 – 2015 年省级面板数据的实证分析 [J]. 科技进步与对策, 2018 (1): 29 – 38。

[157] 邹薇, 钱雪松. 融资成本, 寻租行为和企业内部资本配置 [J]. 经济研究, 2005, 5 (5): 64 – 74。

[158] Acs Z. J., Audretsch D. B., Innovation in large and small firms: An empirical analysis [J]. The American Economic Review, 1988: 678 – 690.

[159] Ahmad S. On the theory of induced invention [J]. The Economic Journal, 1966: 344 – 357.

[160] Agion P et al., A theory of falling growth and rising rents [J]. NEBR Working Paper, 2019, No. 26448.

[161] Akcigit U., Liu Q. The role of information in innovation and competition [J]. Journal of the European Economic Association, 2016, 14 (4): 828 – 870.

[162] Alchian A. A. , Demsetz H. Production, information costs, and economic organization [J]. The American Economic Review, 1972: 777 – 795.

[163] Alchian A. A. , Corporate management and property rights [J]. Economic Policy and the Regulation of Corporate Securities, 1969, 337 – 360.

[164] Alessandri T. M. , Pattit J. M. , Drivers of R&D investment: The interaction of behavioral theory and managerial incentives [J]. Journal of Business Research, 2014, 67 (2): 151 – 158.

[165] Antonelli C. , Patrucco P. P. , F. Quatraro. Productivity growth and pecuniary knowledge externalities: An empirical analysis of agglomeration economies in European regions [J]. Economic Geography, 2011, 87 (1): 23 – 50.

[166] Arora A. , Fosfuria A. , Licensing the market for technology [J]. Journal of Economic Behavior & Organization, 2003, 52 (2): 277 – 295.

[167] Arrow K. Political and economic evaluation of social effects and externalities [M]. The Analysis of Public Output. UMI, 1970: 1 – 30.

[168] Artés J. , Long-run versus short-run decisions: R&D and market structure in Spanish firms [J]. Research Policy, 2009, 38 (1): 120 – 132.

[169] Aschhoff B. , Sofka W. , Innovation on demand—Can public procurement drive market success of innovations? [J]. Research Policy, 2009, 38 (8): 1235 – 1247.

[170] Atkinson S. E. , Cornwell C. , Profit versus Cost Frontier Estimation of Price and Technical Inefficiency: A Parametric Approach with Panel Data [J]. Southern Economic Journal, 1998, 64 (3): 753 – 764.

[171] Atkinson S. E. , Halvorsen R. , A test of relative and absolute price efficiency in regulated utilities [J]. The Review of Economics and Statistics, 1980, 62 (1): 81 – 88.

[172] Avi Goldfarb, Catherine Tucker. Digital Economics [J]. Journal of Economic Literature, 2019, 57 (1): 3 – 43.

[173] Bajari P. et al. The impact of big data on firm performance: An empirical investigation [J]. AEA Papers and Procedings, 2019, 109: 33 – 37.

[174] Begenau J. et al. , Big data in finance and the growth of large firms [J]. Journal of Monetary Economics, 2018, 97 (8): 71 – 87.

[175] Bell D. , Occupational Discrimination as a Source of Income Differences: Lessons of the 1960's [J]. The American Economic Review, 1972, 62 (1/2): 363 –372.

[176] Bergemann D. , Bonatti A. , Markets for information: An introduction [J]. Annual Review of Economics, 2019, 11: 85 –107.

[177] Berger P. G. , Explicit and implicit tax effects of the R&D tax credit [J]. Journal of Accounting Research, 1993: 131 –171.

[178] Bhagwati J. N. , The Generalized Theory of Distortions and Welfare [J]. Working Papers, 1969, 2 (3): 161 –174.

[179] Bhagwati J. , Ramaswami V. K. , Domestic distortions, tariffs and the theory of optimum subsidy [J]. The Journal of Political Economy, 1963, 71 (1): 44 –50.

[180] Bhagwati J. , Immiserizing growth: A geometrical note [J]. The Review of Economic Studies, 1958: 201 –205.

[181] Bhagwati J. , The Generalized Theory of Distortions and Welfare, in Trade Balance of Payments and Growth [M]. Amsterdam: North-Holland Publishing Company, 1971: 69 –90.

[182] Bhagwati J. , Trade-diverting customs unions and welfare-improvement: A clarification [J]. The Economic Journal, 1971: 580 –587.

[183] Binswanger H. P. , Induced Innovation: A Critical Review of the Theory and Conclusions from New Evidence [R]. University of Minnesota, Department of Applied Economics, 1972.

[184] Blundell R. , Griffith R. , Van Reenen J. , Dynamic count data models of technological innovation [J]. The Economic Journal, 1995: 333 –344.

[185] Blundell R. , Griffith R. , Van Reenen J. , Market share, market value and innovation in a panel of British manufacturing firms [J]. The Review of Economic Studies, 1999, 66 (3): 529 –554.

[186] Boldrin M. , Levine D. K. , Rent-seeking and innovation [J]. Journal of Monetary Economics, 2004, 51 (1): 127 –160.

[187] Boston T. D. , Segmented labor markets: New evidence from a study of four race-gender groups [J]. Industrial & Labor Relations Review, 1990, 44

（1）：99 - 115.

［188］ Bottazzi G. , Dosi G. , Lippi M. , et al. , Innovation and corporate growth in the evolution of the drug industry ［J］. International Journal of Industrial Organization, 2001, 19 （7）：1161 - 1187.

［189］ Boycko M. , When higher incomes reduce welfare：Queues, labor supply, and macro equilibrium in socialist economies ［J］. The Quarterly Journal of Economics, 1992：907 - 920.

［190］ Brynjolfsson E. et al. , Strength in numbers：How does data-driven decision-making affect firm performance ［J］. SSRN Working Paper, 2011, No. 1819486.

［191］ Brynjolfsson E. , Collis A. , How should we measure the digital economy ［J］. Harvard Business Review, 2019, 97 （6）：140 - 148.

［192］ Buchanan J. M. , Vanberg V. J. , The market as a creative process ［J］. Economics and philosophy, 1991, 7 （2）：167 - 186.

［193］ Bulow J. I. , Summers L. H. , A theory of dual labor markets with application to industrial policy, discrimination and Keynesian unemployment ［J］. Journal of Labor Economics, 1986, 4 （3）：376 - 414.

［194］ Busom I. , An empirical evaluation of the effects of R&D subsidies ［J］. Economics of Innovation and New Technology, 2000, 9 （2）：111 - 148.

［195］ Card D. , Krueger B. , School quality and black-white relative earnings：A direct assessment ［J］. The Quarterly Journal of Economics, 1992, 107 （1）：151 - 200.

［196］ Chang S. J. , Chung J. , Moon J. J. , When do wholly owned subsidiaries perform better than joint ventures? ［J］. Strategic Management Journal, 2013, 34 （3）：317 - 337.

［197］ Chen Y. , Démurger S. , Fournier M. , Earnings differentials and ownership structure in Chinese enterprises ［J］. Economic Development and Cultural Change, 2005, 53 （4）：933 - 958.

［198］ Chen Y. , Schwartz M. , Product innovation incentives：Monopoly vs. competition ［J］. Journal of Economics & Management Strategy, 2013, 22 （3）：513 - 528.

[199] Cheng H. W. J. , Economic properties of data and the monopolistic tendencies of data economy: Policies to limit an Orwellian possibility [J]. DESA Working Paper, 2020, 164.

[200] Chris Wayman. Natasha Hunerlach. Realising the value of health care data: A framework for the future [R], 2019.

[201] Clague C. , Keefer P. , Knack S. , et al. , Contract-intensive money: contract enforcement, property rights, and economic performance [J]. Journal of Economic Growth, 1999, 4 (2): 185 – 211.

[202] Coad A. , Rao R. , Firm growth and R&D expenditure [J]. Economics of Innovation and New Technology, 2010, 19 (2): 127 – 145.

[203] Cohen W. M. , Levinthal D. A. , Innovation and learning: The two faces of R&D [J]. The Economic Journal, 1989: 569 – 596.

[204] Connolly R. A. , Hirsch B. T. , Hirschey M. , Union Rent Seeking, Intangible Capital, and Market Value of the Firm [J]. Review of Economics & Statistics, 1986, 68 (4): 567 – 77.

[205] Czarnitzki D. , Hanel P. , Rosa J. M. , Evaluating the impact of R&D tax credits on innovation: A microeconometric study on Canadian firms [J]. Research Policy, 2011, 40 (2): 217 – 229.

[206] Czarnitzki D. , Toole A. A. , Patent protection, market uncertainty, and R&D investment [J]. The Review of Economics and Statistics, 2011, 93 (1): 147 – 159.

[207] Dechow P. M. , Sloan R. G. , Executive incentives and the horizon problem: An empirical investigation [J]. Journal of Accounting and Economics, 1991, 14 (1): 51 – 89.

[208] Defina R. H. , Unions, Relative Wages, and Economic Efficiency [J]. Journal of Labor Economics, 1983: 408 – 429.

[209] Diane Coyle, Stephanie Diepeveen, Julia Wdowin. The value of data: Policy implications [R], 2020.

[210] Elvy S. A. , Paying for privacy and the personal data economy [J]. Columbia Law Review, 2017, 117 (6): 1369 – 1460.

[211] Fama E. F. , Agency Problems and the Theory of the Firm [J]. The

Journal of Political Economy, 1980: 288 – 307.

［212］Farboodi M. et al. , Where has all the big data gone? ［J］. SSRN Working Paper, 2018, No. 3164360.

［213］Farboodi M. et al. , Big data and firm dynamics ［J］. AEA Papers and Procedings, 2019, 109: 38 – 42.

［214］Farboodi M. , Veldkamp L. , A growth model of the data economy ［J］. NBER Working Paper, 2020, No. 28427.

［215］Farboodi M. , Veldkamp L. , Long run growth of financial data technology ［J］. American Economic Review, 2020, 110 (8): 2485 – 2523.

［216］Feser E. J. , Tracing the sources of local external economies ［J］. Urban Studies, 2002, 39 (13): 2485 – 2506.

［217］Fisher T. C. G. , Waschik R. G. , Union bargaining power, relative wages, and efficiency in Canada ［J］. Canadian Journal of Economics, 2000: 742 – 765.

［218］Foster L. , Haltiwanger J. C. , Krizan C. J. , Aggregate productivity growth Lessons from microeconomic evidence ［M］. New developments in Productivity Analysis. University of Chicago Press, 2001: 303 – 372.

［219］Foster L. , Haltiwanger J. , Syverson C. , Reallocation, firm turnover, and efficiency: Selection on productivity or profitability? ［R］. National Bureau of Economic Research, 2005.

［220］Francis J. , Smith A. , Agency costs and innovation some empirical evidence ［J］. Journal of Accounting and Economics, 1995, 19 (2): 383 – 409.

［221］Freeman C. Technology policy and economic performance ［M］. Great Britain: Pinter Publishers, 1989.

［222］Garnaut R. , Song L. , Yao Y. , et al. , The emerging private enterprise in China ［J］. The National University of Australia Press, Canberra, 2001.

［223］Geroski P. A. , Innovation, technological opportunity, and market structure ［J］. Oxford Economic Papers, 1990, 42 (3): 586 – 602.

［224］Geroski P. A. , Procurement policy as a tool of industrial policy ［J］. International Review of Applied Economics, 1990, 4 (2): 182 – 198.

[225] Ginarte J. C., Park W. G., Determinants of patent rights: A cross-national study [J]. Research Policy, 1997, 26 (3): 283 –301.

[226] González X., Pazó C., Do public subsidies stimulate private R&D spending? [J]. Research Policy, 2008, 37 (3): 371 –389.

[227] Grabowski H. G., The determinants of industrial research and development: A study of the chemical, drug, and petroleum industries [J]. The Journal of Political Economy, 1968: 292 –306.

[228] Granstrand O., Innovation and intellectual property [J]. The Oxford Handbook of Innovation, 2005: 266 –290.

[229] Griliches Z., Hybrid corn: An exploration in the economics of technological change [J]. Econometric, 1957, 25 (4): 501 –522.

[230] Guellec D., Potterie B. P., The impact of public R&D expenditure on business R&D [J]. 2000.

[231] Guest D. E., Is the psychological contract worth taking seriously? [J]. Journal of Organizational Behavior, 1998, 19 (S1): 649 –664.

[232] Hall B. H., Investment and research and development at the firm level: Does the source of financing matter? [R]. National bureau of economic research, 1992.

[233] Hill C. W. L., Snell S. A., External control, corporate strategy, and firm performance in research-intensive industries [J]. Strategic Management Journal, 1988, 9 (6): 577 –590.

[234] Hill S., McGovern P., Mills C., et al., Why Study Contracts? Employment Contracts, psychological contracts and the changing nature of work [C]. ESRC a paper for the Future of Work Ⅲ Conference, London School of Economics and Political Science, Policy Studies Institute. 2000.

[235] Hillebrand K., Hornuf L., The social dilemma of big data: Donating personal data to promote social welfare [J]. CESifo Working Paper, 2021, No. 8926.

[236] Holmstrom B., Tirole J., The theory of the firm [J]. Handbook of Industrial Organization, 1989, 1 (1): 61 –133.

[237] Hosono K., Tomiyama M., Miyagawa T., Corporate governance and

research and development: Evidence from Japan [J]. Economics of Innovation and New Technology, 2004, 13 (2): 141 −164.

[238] Hsieh C. T., Klenow P. J., Misallocation and manufacturing TFP in China and India [J]. Quarterly Journal of Economics, 2009, 124 (4).

[239] Hsieh C. T., Klenow P. J., Misallocation and manufacturing TFP in China and India [R]. National Bureau of Economic Research, 2007, 124 (4).

[240] Hu M. C., Mathews J. A., National innovative capacity in East Asia [J]. Research Policy, 2005, 34 (9): 1322 −1349.

[241] Jaffe A. B., Real effects of academic research [J]. The American Economic Review, 1989: 957 −970.

[242] Jaffe A. B., The US patent system in transition: policy innovation and the innovation process [J]. Research Policy, 2000, 29 (4): 531 −557.

[243] Jefferson G. H., Huamao B., Xiaojing G. et al., R&D performance in Chinese industry [J]. Economics of Innovation and New Technology, 2006, 15 (4 −5): 345 −366.

[244] Jensen M. C., Meckling W. H., Theory of the firm: Managerial behavior, agency costs and ownership structure [J]. Journal of Financial Economics, 1976, 3 (4): 305 −360.

[245] Jones C. L., Tonetti C., Nonrivalry and the economics of data [J]. NEBR Working Paper, 2020, No. 26260.

[246] Kaiser U. Private R&D and public R&D subsidies: Micro econometric evidence for Denmark [J]. Nationaløkonomisk Tidskrift, 2006, 144 (1): 1 −17.

[247] Kamien M. I., Schwartz N. L., Market structure and innovation [M]. Cambridge University Press, 1982.

[248] Kingston W., Innovation, Creativity and Law [M]. Dordrecht, 1990.

[249] Knight J, Song L. Towards a labour market in China [J]. Oxford Review of Economic Policy, 1995, 11 (4): 97 −117.

[250] Koh D. et al., Labor share decline and tntellectual property products capital [J]. Econometrica, 2020, 88 (6): 2609 −2628.

［251］Kornai J. , Economics of shortage ［M］. North Holland, 1980.

［252］Kornai J. , The soft budget constraint ［J］. Kyklos, 1986, 39 (1): 3 – 30.

［253］Kreps D. M. , Wilson R. , Reputation and imperfect information ［J］. Journal of Economic Theory, 1982, 27 (2): 253 – 279.

［254］Krueger A. O. , The Political Economy of the Rent-Seeking Society ［J］. American Economic Review, 1974, 64 (64): 291 – 303.

［255］Lee P. M. , O'neill H. M. , Ownership structures and R&D investments of US and Japanese firms: Agency and stewardship perspectives ［J］. Academy of Management Journal, 2003, 46 (2): 212 – 225.

［256］Lewbel A. , Constructing Instruments for Regressions with Measurement Error when No Additional Data are Available, with an Application to Patents and R&D ［J］. Econometrica: Journal of the Econometric Society, 1997 (65): 1201 – 1213.

［257］Lindbeck A. , Snower D. J. , Segmented labor markets and unemployment ［R］. Seminar Paper No. 483, Institute for International Economic Studies, University of Stockholm, 1990.

［258］Liu Z. et al. , Data privacy and temptation ［J］. NBER Working Paper, 2020, No. 27653.

［259］Lokshin B. , Mohnen P. , How effective are level-based R&D tax credits? Evidence from the Netherlands ［J］. Applied Economics, 2012, 44 (12): 1527 – 1538.

［260］Lundberg S. J. , Startz R. , Private discrimination and social intervention in competitive labor market ［J］. The American Economic Review, 1983, 73 (3): 340 – 347.

［261］Maclaurin W. R. , Technological progress in some American industries ［J］. The American Economic Review, 1954: 178 – 189.

［262］Magee S. P. , Factor market distortions, production, and trade: A survey ［J］. Oxford Economic Papers, 1973, 25 (1): 1 – 43.

［263］Mankiw N. G. , Romer D. , New Keynesian Economics: Coordination failures and real rigidities ［M］. MIT Press, 1991.

［264］Markham J. W. , Market structure, business conduct, and innovation [J]. The American Economic Review, 1965: 323 – 332.

［265］Maskus K. E. , Intellectual property rights in the global economy [M]. Peterson Institute, 2000.

［266］Mc Kinnon R. I. , Money and capital in economic development [M]. Washington D C: Brookings Institution, 1973.

［267］Meade J. E. , The Balance of Payment [M]. London: Oxford University Press, 1951.

［268］Milgrom P. , Roberts J. , Predation, reputation, and entry deterrence [J]. Journal of Economic Theory, 1982, 27 (2): 280 – 312.

［269］Mitchell M. F. , Moro A. , Persistent distortionary policies with asymmetric information [J]. The American Economic Review, 2006: 387 – 393.

［270］Mowery D. , Rosenberg N. , The influence of market demand upon innovation: A critical review of some recent empirical studies [J]. Research Policy, 1979, 8 (2): 102 – 153.

［271］Mueller M. , Grindal M. , Data flows and the digital economy: Information as a mobile factor of production [J]. Digital Policy, Regulation and Governance, 2019, 21 (1): 71 – 87.

［272］Munro H. , Noori H. , Measuring commitment to new manufacturing technology: Integrating technological push and marketing pull concepts [J]. Engineering Management, IEEE Transactions on, 1988, 35 (2): 63 – 70.

［273］Murphy K. M. , Shleifer A. , Vishny R. W. , The transition to a market economy: Pitfalls of Partial Reform [J]. The Quarterly Journal of Economics, 1992: 889 – 906.

［274］Nakahara T. , Innovation in a borderless world economy [J]. Research Technology Management, 1997, 40 (3): 7.

［275］Nelson R. R. , Peck M. J. , Kalachek E. D. , Technology, economic growth, and public policy; a Rand Corporation and Brookings Institution study [J]. 1967.

［276］Nelson R. R. , Simple Economics of Basic Scientific Research [J]. The Journal of Political Economy, 1971, 67 (3): 725.

［277］ Nordhaus W. D. , Invention, growth, and welfare: A theoretical treatment of technological change ［M］. Cambridge, MA: MIT press, 1969.

［278］ O'Donoghue T. , Zweimüller J. , Patents in a model of endogenous growth ［J］. Journal of Economic Growth, 2004, 9 (1): 81 – 123.

［279］ Ohlin B. G. , The course and phases of the world economic depression: Report presented to the Assembly of the League of Nations ［M］. Secretariat of the League of Nations, 1931.

［280］ Opler T. C. , Titman S. , Financial distress and corporate performance ［J］. The Journal of Finance, 1994, 49 (3): 1015 – 1040.

［281］ Osberg L. , Apostle R. , Clairmont D. , Segmented labour markets and the estimation of wage functions ［J］. Applied Economics, 1987, 19 (12): 1603 – 1624.

［282］ Oster G. , A factor analytic test of the theory of the dual economy ［J］. The Review of Economics and Statistics, 1979, 61 (1): 33 – 39.

［283］ Osterman P. , Empirical Study of Labor Market Segmentation ［J］. Industrial and Labour Relations Review, 1975, 28 (4): 508 – 523.

［284］ Park W. G. , International patent protection: 1960 – 2005 ［J］. Research Policy, 2008, 37 (4): 761 – 766.

［285］ Patterson D. M. , Reform in Eastern Europe: A general equilibrium model with distortions in relative prices and factor markets ［J］. Canadian Journal of Economics, 1996: 457 – 472.

［286］ Peltzmann S. , Toward a More General Theory of Regulation ［J］. The Journal of Law and Economics, 1976.

［287］ Pricewaterhouse Coopers. Putting a price on data ［R］, 2019.

［288］ Rajan R. G. , Zingales L. , Power in a Theory of the Firm ［R］. National Bureau of Economic Research, 1997.

［289］ Rothwell R. , Zegveld W. , Industrial Innovation and Public Policy: Preparing for the 1980s and the 1990s ［M］. London: Frances Pinter, 1981.

［290］ Rothwell R. , Zegveld W. , Reindustrialization and technology ［M］. ME Sharpe, 1985: 83.

［291］ Ruttan V. W. , Social science knowledge and induced institutional innovation: An institutional design perspective [J]. Journal of Institutional Economics, 2006, 2 (3): 249 – 272.

[292] Scharfstein D. S., Stein J. C., The dark side of internal capital markets: Divisional rent-seeking and inefficient investment [R]. National Bureau of Economic Research, 1997.

[293] Scherer F. M. Firm Size, Market Structure, Opportunity, and the Output of Patented Inventions [J]. American Economic Review, 1965, 55 (5): 1097 – 1125.

[294] Schmookler J., Invention and economic growth [M]. Cambridge: Harvard University Press: 1966.

[295] Schneider P. H., International trade, economic growth and intellectual property rights: A panel data study of developed and developing countries [J]. Journal of Development Economics, 2005, 78 (2): 529 – 547.

[296] Singh M., Faircloth S., The impact of corporate debt on long term investment and firm performance [J]. Applied Economics, 2005, 37 (8): 875 – 883.

[297] Statistics Canada. The value of data in Canada: Experimental estimates [J]. Latest Developments in the Canadian Economic Accounts (Working Paper Series), 2020 (9).

[298] Stigler G. J., The Theory of Economic Regulation [J]. Bell Journal of Economics & Management Science, 1971, 2 (1): 3 – 21.

[299] Stiglitz J. E., Eicher C. K., Staatz J. M., Markets, market failures, and development [J]. American Economic Review, 1989, 79 (2): 197 – 203.

[300] Tobin J. Inflation and unemployment [J]. American Economic Review, 1972, 62 (1): 1 – 18.

[301] Wallsten S. J., The Effects of Government-Industry R&D Programs on Private R&D: The Case of the Small Business Innovation Research Program [J]. Rand Journal of Economics, 2000, 31 (1): 82 – 100.

[302] Williamson O. E., Markets and hierarchies: Analysis and antitrust implications [M]. New York: Collier Macmillan Publishers, 1975.

［303］Wu J. , Tu R. , CEO stock option pay and R&D spending: A behavioral agency explanation ［J］. Journal of Business Research, 2007, 60 （5）: 482 – 492.

［304］Yan Carrière Swallow, Vikram Haksar. The Economics and Implications of Data: An Integrated Perspective ［N］. International Monetary Fund, 2019.

［305］Yasuda T. , Firm growth, size, age and behavior in Japanese manufacturing ［J］. Small Business Economics, 2005, 24 （1）: 1 – 15.

［306］Zahra S. A. , Neubaum D. O. , Huse M. , Entrepreneurship in medium-size companies: Exploring the effects of ownership and governance systems ［J］. Journal of Management, 2000, 26 （5）: 947 – 976.

［307］Zhao Y. , Earnings differentials between state and non-state enterprises in urban China ［J］. Pacific Economic Review, 2002, 7 （1）: 181 – 197.

［308］Zhu C. , Big data as a governance mechanism ［J］. Review of Financial Studies, 2019, 32 （5）: 2021 – 2061.

［309］Zhuang J. , Estimating Distortions in the Chinese Economy: A General Equilibrium Approach ［J］. Economica, 1996, 63 （252）: 543 – 568.